AF140526

andreas meier

mutus wah wah slam

novum ◢ pro

Dieses Buch ist auch als
e-book
erhältlich.

www.novumverlag.com

Bibliografische Information
der Deutschen Nationalbibliothek:

Die Deutsche Nationalbibliothek
verzeichnet diese Publikation in
der Deutschen Nationalbibliografie.
Detaillierte bibliografische Daten
sind im Internet über
http://www.d-nb.de abrufbar.

Alle Rechte der Verbreitung,
auch durch Film, Funk und Fernsehen,
fotomechanische Wiedergabe,
Tonträger, elektronische Datenträger
und auszugsweisen Nachdruck,
sind vorbehalten

Gedruckt in der Europäischen Union
auf umweltfreundlichem, chlor- und
säurefrei gebleichtem Papier.

© 2022 novum Verlag

ISBN 978-3-99131-544-5
Lektorat: Lucas Drebenstedt
Umschlagfotos: Yufa12379,
Breakermaximus | Dreamstime.com
Umschlaggestaltung, Layout & Satz:
novum Verlag

www.novumverlag.com

Climate neutral
Print product
ClimatePartner.com/16547-2201-1002

für sophia, rico und diego

'ein hacker bist du und sprichst kein wort?', fragt mich attila. atti-
la, software-chef von webscan, einer internet-firma, die großban-
ken, versicherungen und chocolatiers mit web-analysen versorgt.
'gimme a chance', schreibe ich auf meinen laptop. halte ihm
den screen hin, damit er meinen text lesen kann. 'was sind deine
spezialitäten, mutus?', fragt er zurück und ich erwidere mit einer
weiteren textzeile: 'deep learning und soft computing'.
algorithmen haben mich schon immer fasziniert. und zwar
solche, die aus den daten was interessantes extrahieren. muster-
erkennung zum beispiel. du kriegst damit raus, was du bis anhin
noch nicht gewusst hast. mit hard coding geht das nicht. ich mei-
ne, du benötigst methoden, die nicht nur schwarz und weiß un-
terscheiden, sondern mit allen grautönen und facetten umgehen.
'beschreib mir eines deiner projekte', holt mich attila aus mei-
ner welt zurück. anstelle einer getippten antwort zeige ich ihm
meine app findoutfriends, halte ihm den laptop hin. er zögert
nicht lange und startet die suche mit seinem namen. 'wow', meint
er und fragt weiter: 'wie findest du raus, dass deine app meine
kollegen und nicht deine herausfiltert und ihre standorte und
aktivitäten displayed?'
da attila meinen laptop in den händen hält, kann ich nichts
eintippen. ich führe meine rechte hand an meine schläfe, warte
einen moment, forme sie kurz zu einem ball und öffne sie ex-
plosionsartig zu einem fächer in der luft. meine gestik soll dar-
stellen, dass die ideen aus meinem kopf springen und nur noch
programmiert werden müssen.
'ich schau mir deine unterlagen nochmals an. ist das ok für
dich?' ich nicke. attila gibt mir meinen laptop zurück. wir schütteln

einander die hand und beim hinausgehen ruft er: 'noch eine letz-
te frage, mutus: warum schweigst du?' ich drehe mich um, ver-
suche zu schmunzeln und lege den zeigefinger auf meine lippen.
dann bin ich draußen vor der tür.

0 1
1 0

mutus nimmt einen umweg nach hause. er läuft das seebecken
entlang in richtung zürihorn. seine gedanken kreisen um das ge-
spräch mit attila. kriegt er nun eine chance oder kriegt er keine?

zurück an der predigergasse entscheidet er sich, an seinen
maschinengedichten weiterzubasteln, um das vorstellungsge-
spräch aus seinem kopf zu verdrängen. dazu legt er wie so oft
das köln-konzert von keith jarret auf, das er auf einer langspiel-
platte von seinem großvater bekommen hat. samt röhrenverstär-
ker und plattenspieler.

maschinengedichte werden von einer maschine generiert. man
braucht dazu nur input und output zu spezifizieren. zudem legt
man die algorithmen zurecht, die verwendet werden. als input
wählt mutus die beiden worte flipflop und hiphop.

flipflops sind keine zehenstegsandalen, sondern elektronische
schaltungen. flipflops sind die grundbausteine sequentieller schal-
tungen und damit der digitaltechnik. mutus weiß, dass sein röh-
renverstärker ähnliche schaltelemente verwendet, obwohl dieser
schon in die jahre gekommen und über fünfzig ist.

djs haben in den siebzigern des letzten jahrunderts den hip-
hop lanciert. sie nahmen den beat aus funk-, soul- oder disco-
musik und wiederholten diesen, ohne das ganze stück zu spie-
len. natürlich haben sie auch lieder zum beat eingespielt oder
die schallplatten zurückgedreht. oder plattenspieler parallel ein-
gesetzt, mit bremsverzögerungen auf einem der plattenspieler.
scratching war damals die höchste kunstform beim hiphop. hier

wurden toneskapaden durch rhythmisches hin- und herbewegen
der laufenden schallplatten in den raum geworfen.
die maschine spuckt unzählige gedichte raus. nach langem
hin und her entscheidet sich mutus für ein poem mit elf zeilen:

```
flipflop
hiphop
        fliphop
        flophip
        hopflip
                flophop
                hipflip
                hopflop
                        flopflip
                        hophip
                        flipflop
```

mutus fragt sich, wer der erfinder dieses maschinengedichts ist:
er oder die maschine? mutus hat input und output festgelegt und
die algorithmen programmiert. die maschine hat unzählige ge-
dichte mit den eingabewörtern flipflop und hiphop generiert.
mutus entscheidet sich für einen elfzeiler, bestimmt das layout
und druckt ihn auf dem laserprinter aus.

0 1
1 0

seit tagen wartet mutus vergebens auf einen anruf von attila.
einmal mehr scheint eine festanstellung außer reichweite. zum
glück kennt er einige hacker, die ihm aufträge weitergeben, die
sie aus zeitgründen oder eher aus misserfolg selber nicht bewäl-
tigen. die entschädigung für seine filterarbeit, wie er sie nennt,
bleibt jeweils bescheiden. aber immerhin, er kann sich damit über

wasser halten. und seine kompetenz mit deep-learning-algorithmen wächst von auftrag zu auftrag.

mutus' erfolgsquote spricht sich rum. einige hacker möchten ihm algorithmen abkaufen, aber da weicht er aus. solange er in der hackerszene die kniffligsten aufträge bekommt, scheint seine zukunft gesichert. zudem möchte er sein know-how in seine maschinengedichte einfließen lassen und diese verfeinern. warten ist angesagt. warten auf godot. mir ist nicht klar, ob mutus das theaterstück von samuel beckett kennt. es wurde am 5. januar 1953 im théâtre de babylone in paris uraufgeführt. die beiden landstreicher estragon und wladimir warten vergebens auf eine antwort des ihnen nur vage bekannten godot. mutus wartet ebenfalls auf eine antwort des ihm nur vage bekannten attila.

um dem denken zu entgehen, um die ursachen der katastrophe zu verdrängen, läuft das spiel weiter. an- und ausziehen der schuhe, leibesübungen, suche nach namen, herausschreien von nonsens-slams.

mutus versucht, warten und langeweile zu vertreiben. er programmiert lautgedichte im stil der konkreten poesie. er scannt die klanggedichte von eugen gomringer und lässt sich inspirieren. gomringer, der klangpoet mit avenidas/avenidas y flores/flores/flores y mujeres/avenidas/avenidas y mujeres/avenidas y flores y mujeres/un admirador. nichts für mutus. mutus ist ein nerd, ein computerfreak. sein credo: fehler im system.

1 0
0 1

heute gibt's 'ne abwechslung für mich. hab einige wenige kumpels gegen abend zum gaming eingeladen. klar, koche ich was, wie immer. und bier ist en masse bereits kaltgestellt.

kaufe krebsschwänze, sardellen, randen, mönchsbart, pinienkerne, salzkapern, rote zwiebeln und knoblauch. knoblauchzehen, zwiebeln und olivenöl sind meine wichtigsten ingredienzen beim kochen. dabei steht knoblauch an erster stelle, denn er soll gegen haarausfall, lungenleiden und menstruationsstörungen wirken.

auf den speisezettel setze ich also krebsschwänze mit randensalat als vorspeise und spaghetti con agretti als hauptgang. deshalb kann ich es nicht lassen, noch einen chianti in einer großen bastflasche einzupacken. zum glück weiß ich, wo ich dieses flaschenauslaufmodell samt inhalt kriege. giuseppe, der italiener um die ecke, erklärt mir regelmäßig die zusammensetzung seines chianti: sangiovese 70%, canaiolo nero 20% e malvasia 10% – vitigni a bacca bianca!

meine kleine wohnung im zürcher niederdorf ist vollgestopft mit leeren bastflaschen. ich verwende sie als dekoration. die meisten sind mit staub bedeckt und haben eine patina angelegt.

endlich zu hause. ich schneide die wurzelenden des mönchsbarts ab und wasche das grünzeug. der rest kann warten.

nun lege ich keith jarret auf und reinige meine kleine wohnung. danach lege ich mich kurz hin und schwirre ins nirwana ab.

der dreiklang meiner wohnungsklingel reißt mich aus dem schlaf. anas, tina und steve stehen vor der tür. wir umarmen uns und setzen uns an den runden tisch, alle laptops aufgeklappt. ich hole bier und snacks und dann geht's los in den cyberspace.

nach vier bis fünf stunden gönnen wir uns eine pause. ich gehe in die küche und tina fragt mich, ob sie mithelfen kann.

sie bereitet den randensalat mit roten zwiebeln, weißweinessig, olivenöl und schnittlauch zu. ich brutzle die krebsschwänze und gebe geschnittene knoblauchzehen, salbei, pfefferschoten und grüne limettenstücke bei. dann wird mit frischem ciabatta angerichtet, dazu gibt's kühles bier.

nach einer weiteren spielrunde wollen meine kumpels zusehen, wie ich die spaghetti con agretti vorbereite. einfach: sardellen in olivenöl zerdrücken, fein gehackte zwiebeln, knoblauchzehen und salzkapern beigeben und das ganze dünsten. separat pinienkerne in sesamöl anrösten, zur sauce geben und mit salz und pfeffer würzen. dazu ein schuss weißwein.

spaghetti al dente kochen. beim servieren parmesankäse über spaghetti und sauce reiben. mit ciabatta servieren und chianti und hahnenburger auftischen. buon appetito.

beim verabschieden der kumpels bitten sie mich ums rezept der spaghetti con agretti. die kumpels kennen mich. meine lieblingsspeisen halte ich doppelt fest: auf die vorderseite einer postkarte drucke ich jeweils ein passendes maschinengedicht, auf der rückseite verrate ich das rezept, das durch persönliche verfeinerungen bei den gästen immer gut ankommt. 'wollt ihr mein siebenzeiliges klanggedicht mit dem titel 'hetti' hören?', projiziere ich auf die laptops meiner kumpels. alle nicken und ich beame den siebenzeiler auf meinen selbstgebastelten sound-synthesizer mit 300 beats pro sekunde:

```
spag hetti con agretti
spag hetti cen agrotti
spag hetti can ogretti
spag hetti con egratti
spag hetti can egrotti
spag hetti cen ogratti
spag hetti con agretti
```

1 0
0 1

steve kontaktiert mich auf einem sicheren kanal. sicher heißt bei steve und mir, dass wir einen algorithmus der quantenkrypto anwenden. vor jahren hatte ich ein framework für die sicherheit des elektronischen nachrichtenverkehrs entwickelt und später für gutes geld verkauft. die herkömmlichen verfahren der public key infrastructure mit privaten und öffentlichen schlüsseln waren mir zu unsicher. zudem: die version des krypto-algorithmus basierend auf nanotechnologie, die ich mit steve und einigen wenigen hackern teile, ist im moment nicht knackbar. weshalb: ich habe diesen algorithmus selbst entwickelt.

steve möchte für einen chinesischen auftraggeber, der betucht sein soll – in seinem vorzimmer hängen van goghs, picassos und mirós im original – hinter die rezepte der luxemburgeli kommen. im klartext: 'sprüngli is a swiss luxury confectionary manufacturer founded in 1836 and internationally known for its signature macarons called luxemburgerli.' vor siebzig jahren soll ein konditor aus luxemburg – die kennen die chocolaterie seit jeher, und zwar ohne swiss milk – sein rezept für die zart gefüllten makrönchen nach zürich geschmuggelt haben. niemand kann diesen bis heute widerstehen.

ich stehe auf die klassischen luxemburgeli bourbon-vanille und chocolat. aber heute bietet sprüngli eine unzahl von aromen an: mocca, champagne, himbeere, pistache, citron, haselnuss oder caramel – you name it.

der auftrag reizt mich: spionagefall gegen swissness. chocolatier sprüngli von hackern entblößt. die luftig-leichte versuchung von sprüngli geknackt. luxemburgerli made in china.

sollte ich solcher werkspionage zum erfolg verhelfen? skrupel plagen mich. doch steve meint, wenn wir's schaffen, kommen wir den anderen angreifern zuvor. und noch etwas: die fassade sprüngli bröckelt. die blue collar workers arbeiten bis zur erschöpfung. sechs tage pro woche sind keine seltenheit. ein elf-stunden-tag normal.

ich poste an steve, ob in china die arbeitswochen ebenfalls verlängert wurden. ob die schlitzaugen nun sieben arbeitstage und sieben arbeitsnächte für die arbeiterklasse als normal ansehen. und der clou dabei: die nomenklatura trinkt château mouton-rothschild 1er cru classé aus frankreich zum diner und danach the macallan single highland malt scotch whisky aus england, begleitet von swiss luxemburgerli von sprüngli international.

steve offeriert mir fünfzig riesen. ich sage zu.

13

nach wochen des wartens erhält mutus eine einladung von webscan. ein assessment ist angesagt. mutus klebt angstschweiß auf der stirn und er weiß nicht, ob er teilnehmen soll. nach recherchen im web wird ihm klar, dass interviews, tests, rollenspiele und stress-situationen angesagt sind. einige freaks von webscan möchten ihn unter zeitdruck analysieren. seine charaktereigenschaften aufdecken und herausfinden, ob er als programmierer für knifflige aufgaben geeignet ist oder nicht.

mutus kennt sich allzu gut: unter stress bringt er keine befehlszeile aufs papier oder besser gesagt in die maschine. sein erfolgsrezept ist ruhe. nachts, wenn alle schlafen, kurbelt er seinen mac an und dann geht's los. befehlszeile um befehlszeile, um das problem einzugrenzen. knifflige suchschleifen, um ans geheimnis zu geraten. deep-learning-methoden, um den rechner aufs ausloten zu trimmen und und und.

zudem: ein gruppen-assessment ist angesagt. das heißt im klartext, dass er mit anderen kandidaten probleme knacken muss. die webscan-aushorcher möchten herausfinden, wer die kommunikation in der gruppe befruchtet, wer sich durchsetzen kann und wer das sagen hat.

nichts für mutus, denn das gruppen-assessment soll zwei bis drei tage dauern. horror pur. mutus sagt ab.

webscan gibt nicht auf. lädt mutus zu einer postkorbübung ein. hier soll getestet werden, wie sich mutus organisiert, wie er handelt und entscheidungen fällt. zudem ist eine fallstudie angesagt, um ein problem zu lösen. also wollen die entscheidungsträger von webscan herausfinden, ob mutus analysieren und denken kann. kein problem, das kann er aus dem effeff.

mutus konsultiert einige tipps für sein assessment im web: das unternehmen webscan scannen und sich produktwissen aneignen. pünktlich eintrudeln. branche analysieren, stellenprofil verinnerlichen und versuchen, darauf einzugehen. ohren spitzen und zuhören, was andere sagen. strukturiert arbeiten (analysieren, planen, durchführen und kontrollieren). authentisch bleiben. angriffe und provokationen sachlich begleichen. rollenspiele zuhause einüben. sich bewusst sein, dass man die ganze zeit beobachtet wird, auch wenn man eine pause macht oder aufs klo muss. und last but not least: früh ins bett gehen und genügend schlafen. die besten kumpels von mutus raten ihm davon ab. sie alle haben solche strapazen bereits durchgestanden. es gehe immer darum, wie gut man sich verkauft, und nicht, was man draufhat. steve meint, dass mutus nicht geeignet sei für assessments und sich stark machen sollte, eine aufgabe remote lösen zu können. anas sagt: 'forget it.' tina rät ihm, auf diese hirnwäsche zu verzichten, um nicht in eine depression zu verfallen.

trotzdem: nach einer schlaflosen nacht gibt mutus sein okay für eine postkorbübung mit webscan.

1 0
0 1

am wochenende radle ich nach ammel ins baselbiet. in schwierigen phasen besuche ich meinen großvater, bei dem ich aufwuchs. seinen röhrenverstärker und die alten jazz-schallplatten hat er mir vermacht. ich weiß, was dieses geschenk von ihm abverlangte. und ich hüte die discs wie eigene kinder.

die postleitzahl von ammel konnte ich mir schon als kleiner bube merken. einundvierzig mal hundertneun macht vierundvierzigneunundsechzig. die multiplikation zweier primzahlen ergibt die postleitzahl von ammel. welche weitere gemeinde kann dies für sich beanspruchen?

auch das wappen von ammel habe ich verinnerlicht. es stellt einen goldenen schildkopf dar. mein großvater sagte mir einst, dass dieses goldene band sich auf die landvogtei homburg beziehe. denn ammel gehörte im mittelalter zu den besitztümern der grafen von homburg. und darunter das schild mit links schwarz und rechts weiß oder silber. bezogen auf basel und kienberg? 'schön, schaust du mal wieder vorbei?', umarmt mich mein großvater. 'was bedrückt dich und erweist mir die ehre für ein gespräch?' großvater ist immer direkt und gerade heraus, was man von den baselbietern nicht erwarten kann. wenn sie fremde leute treffen, geben sie sich reserviert. es braucht lange, die distanz zu verringern. mein großvater verriet mir einst: ein leben allein genügt nicht, du brauchst zwei bis drei leben, bis du dazu gehörst.

aber in ammel gibt's ne unmenge an vereinen, um anschluss zu finden: crazy needles, den frauenverein, den gemischten chor, das heimatmuseum, den kirschbaumverein, die kultur, die milchgenossenschaft, den natur- und vogelschutz, die posamenter, die samariter, schützen, spitex und turner. ein dutzend oder mehr auf 143 einwohnern pro quadratkilometer. die fläche von ammel beträgt knapp vier quadratkilometer und liegt auf einer hochebene des tafeljuras.

'nun rück schon heraus, mutus', muntert mich mein großvater auf und schenkt mir von seinem sencha-grüntee ein. der tee wärmt mich auf. ich zeige meinem großvater meine aktuellen projekte auf dem laptop und tippe meine erinnerungen zum treffen mit attila ein. 'aha, du willst webscanner werden? du bist ja schon einer. was reizt dich denn an dieser firma?' ich browse die produkte und kunden durch, zu denen wichtige banken, versicherungen und chocolatiers gehören. 'die einen machen mit risikogeschäften ihren zaster, die anderen mit luxemburgerli', grinst mein großvater.

nach unserem teegespräch gehen mein großvater und ich eine runde in der natur. wie früher. wir besuchen das naturschutzgebiet talweiher. wir bewundern die pflanzen, vögel und insekten. mein großvater kennt alle einheimischen pflanzen und tiere und erzählt mir wie immer seine geschichten dazu.

ich gestikuliere meinem großvater meine zweifel für die postkorbübung bei webscan zu. mit meinen finger-, hand- und armbewegungen zeige ich ihm auf, dass ich nicht nur in brenzligen situationen stumm bleibe und nichts rausbringe.

großvater bleibt stehen und sagt: 'schweigen ist gold.' ich kenne das sprichwort 'reden ist silber und schweigen ist gold', doch großvater liest meine gedanken und sagt: 'für dich lautet es – schreiben ist silber und schweigen ist gold.'

1 0
0 1

kurz nach sieben verlasse ich meine wohnung an der predigergasse und laufe ins hürlimann areal. hier ist der hauptsitz von webscan und hier traf ich vor wochen attila. ob er er mich heute zur postkorbübung empfängt?

ich bin wie immer viel zu früh und schau mir die umgebung an. hier also stand einst die alte bierbrauerei hürlimann. die bierflaschen, besser gesagt, die etiketten der bierflaschen, waren legendär: ein fünfzackiger stern in weiß auf rotem hintergrund, ergänzt um den weißen schriftzug des namens der brauerei. und der inhalt: war der auch legendär? ich weiß es nicht, die firma muss vor meiner geburt eingegangen sein.

das thermalbad & spa zürich findet sich hier. wellness ist angesagt. baden zwischen hundertjährigen steingewölben der ehemaligen bierbrauerei. thermalwasser aus der geschichtsträchtigen quelle aqui. wertvolle mineralien, wohltuende wärme, entspannung pur.

blütendampfbad, peelingnischen, kräuterdampfbereiche, römerbad, massagedüsen, whirlpools, flachwasserzonen, sprudelliegen, milch- und kräuterstempelmassagen, ganzkörperpackungen nach wahl, bewegungsbad und liegepodeste. das römisch-irische spa ritual ist keine nacktzone. das tragen von badebekleidung ist in allen räumen obligatorisch. außer in peeling räumen. was ist überhaupt peeling? was wird da geschält? habe keine zeit zum googeln. mein postkorb wartet.

der eingang zu webscan erdrückt mich. macht mich noch kleiner, als ich bin. bin bereits registriert beim empfang. kriege einen elektronischen badge. 'webscan – run for future' ist aufgedruckt. ich muss mich ein bisschen gedulden, da ich zu früh da bin. innerlich gehe ich einmal mehr den ablauf meiner erwarteten postkorbübung durch. strukturiert vorgehen ist angesagt: analysieren, planen, programmieren, testen und freigeben. lisa stellt sich vor. sie arbeitet im bereich human resources. sie trägt ein rotes hosenkleid. schwarze high heels. wie hoch ist high? da ich alle sinne immer offen habe, schätze ich fünzehn zentimeter. also keine high heels, eher skyscrapers? lisa wendet sich zu mir und sagt: 'es sind pumps. die absätze sind dicker als bei den high heels. high heels sind verboten bei webscan.' wollte auf meinem laptop eintippen: 'es gibt verbote bei webscan?' doch wir stehen schon im lift und sausen nach oben.

0 1
1 0

anas meer liebt die drei:

```
kann man sich in
in zahlen verlieben
anas meer
kann's
er liebt die
drei
eins zwei
die drei
```

dieser zwei-hoch-drei-zeiler umfasst drei hoch zwei mal zwei hoch drei zeichen. mutus hat diesen achtzeiler verfasst und anas geschenkt. denn anas und mutus lieben zahlen. und sie lieben symbole. und sie lieben symbolgedichte.

anas und mutus kennen und schätzen sich schon lange. anas name beruft sich auf anas ibn malik, oder mit ganzem namen abu hamza anas ibn malik, einem gefährten des arabischen stammesführers abu i-qasim muhammad ibn abd al-muttalib ibn haschim ibn abd manaf al-quaraschi.

al-qamar oder 'der mond' ist die vierundfünfzigste sure und enthält fünfundfünfzig verse. der erste vers der vierundfünfzigsten sure lautet: 'genaht ist die stunde, und gespalten der mond.' anas und mutus haben unterschiedliche wurzeln und teilen ihre faszination für zahlen. jeder von ihnen nutzt die zahlensymbolik zur entwicklung ausgefallener algorithmen. mutus ist ein crack in kryptologie, der lehre des verborgenen. anas ist ein crack in kryptografie, der wissenschaft der verschlüsselung.

anas beschäftigt sich vor allem mit verfahren zum zero-knowledge proof. zero-knowledge proof heißt so viel wie etwas ohne kenntnis der nachricht zu beweisen. bei den entsprechenden protokollen kommuniziert der proofer mit dem verifier also über ein geheimnis. das geheimnis kann ein ausgefüllter wahlzettel sein, ein besitzverhältnis oder ein liebesbrief. der beweiser überzeugt den verifizierer, dass er ein geheimnis kennt, ohne das geheimnis aufzudecken. der verifizierer kann den wahrheitsgehalt dieses geheimnisses im zero-knowledge-proof-verfahren gutheißen und die community erkennt den wahrheitsgehalt dieser nachricht an. damit ist auch der empfänger oder die empfängerin des liebesbriefes sicher, dass der liebesbrief echt ist.

mutus background sind krypto-verfahren basierend auf primzahlen. primzahlen sind zahlen, die nur durch sich und durch eins teilbar sind. die heutigen gängigen krypto-verfahren basieren auf der public key infrastructure. hier werden zwei primzahlenbasierte codierschlüssel verwendet: der geheime und der öffentliche schlüssel. mit dem öffentlichen schlüssel von steve kann mutus zum beispiel eine nachricht an steve codieren. diese nachricht kann niemand entziffern außer steve, der seinen privaten schlüssel zur entzifferung der nachricht anwendet. da die krypto-verfahren basierend auf der public key infrastructure in der hackerszene umstritten sind, fachsimpelt mutus regelmäßig mit anas.

mutus ist fit in der blockchain-technologie und der kryptoanalyse. anas hilft ihm mit seinem wissen zum zero-knowledge-proof-verfahren. mutus hat griffige krypto-verfahren lanciert. zudem verfügt er über eine sammlung von algorithmen zur krypto-analyse. zur gewinnung von informationen aus verschlüsselten daten. crypto analytics. golden nuggets.

was die mondspaltung betrifft, sind sich anas und mutus einig: fake news. die wahrheit beginnt mit drei. drei ist die erste ungerade primzahl. drei ist die erste mersenne-primzahl: zwei hoch zwei minus eins. und die drei ist die erste fermat-primzahl: zwei hoch zwei hoch null plus eins. und die drei ist die erste proth-primzahl: eins mal zwei hoch eins plus eins. eins. zwei. drei. nein: die drei.

1 0
0 1

oben angekommen, werde ich in eine lichtdurchflutete arena geführt. ich werde geblendet. zu viel licht für meine wenigkeit. lisa stellt mir die marketing-chefin von webscan vor. zudem ist ein psychologe eingeladen worden, der mich scannen soll. die namen der beiden konnte ich mir nicht merken. zu viel blendung. zuviel licht.

ich erwartete attila. wenigstens ein vertrautes gesicht. nichts dergleichen. ich dachte, normalerweise ist die linie beim vorstellungsgespräch mit eingeladen. nichts dergleichen. bestimmen human resources, marketing und psychologie einen möglichen anstellungsvertrag? more scan than web?

lisa holt mich aus der verblendung und sagt: 'wir haben dir eine kleine übung vorbereitet. du solltest die folgende aufgabe in der nächsten halben stunde lösen.' dann räuspert sie sich und erklärt mir, dass heute der einunddreißigste jahrestag des mauerfalls in berlin sei. aus diesem anlass hätten sie eine aufgabe vorbereitet, um meine fähigkeiten in web analytics zu prüfen. dann entfaltet sie einen zettel und liest mir den vorbereiteten text vor: 'postkorb task #31: A: beschreibe die situation vor dem mauerfall von 1989 aus sicht der BRD; B: beschreibe die situation vor dem mauerfall von 1989 aus sicht der DDR; C: beschreibe die situation nach dem mauerfall von 1989. end postkorb task #31.' ich bin erneut geblendet und weiß nicht, wo ich mich befinde. zwar kenne ich dieses nirwana, dem ich oft begegne: es gibt warme nirwanas und kalte nirwanas. dieses ist eiskalt. schwarz. gefroren. ich falle in mich zurück und schließe die augen. das einzige, was ich vernehme, ist mein eigener puls. puls im quadrat. hölle hoch drei. lisa schiebt mir den zettel mit der task #31 zu, damit ich mich besser konzentrieren könne. ich bin out of order. wie, wenn man einer maschine den stecker zieht. das einzige, was ich wahrnehme, ist mein eigener puls in hochfrequenz.

plötzlich werde ich aus meiner lethargie herausgerissen. lisa schüttelt mich und erinnert mich: 'mutus, fünfzehn minuten für deine task #31 sind schon zerronnen, du hast nur noch fünfzehn minuten, um A, B und C zu lösen!' ich tippe auf meinem laptop: 'was ist ABC?' sie schiebt mir den zettel zu und ich lese: 'postkorb task #31: A: beschreibe die situation vor dem mauerfall von 1989 aus sicht der BRD; B: beschreibe die situation vor dem mauerfall von 1989 aus sicht der DDR; C: beschreibe die situation nach dem mauerfall von 1989. end postkorb task #31.'

wertvolle minuten verstreichen, bis ich langsam zurückkomme auf diesen planeten. wo bin ich? licht überall. drei verstörte gesichter im oval. eine randnotiz zur task #31 vor mir. ich lese sie durch und vermute, dass die drei lichtgestalten meine analytics-fähigkeiten damit testen wollen. lisa doppelt nach und wird laut: 'mutus, noch neun minuten verbleiben dir.'

ich denke an eine drei im quadrat, was mein adrenalin in die adern pumpt. ich liebe zahlen über alles. vor allem die drei.

adrenalin bildet sich in meinem mark der nebennieren. im blut ausgeschüttet, steigert es meine herzfrequenz. energie wird frei. meine durchblutung kommt zurück. fight or flight response.

ich schreibe auf meinen laptop: 'gimme five minutes alone
with me. i will resolve A, B and C.'
die drei flüstern miteinander und verlassen dann das oval. ich
habe längst meinen semantic web browser gestartet und werde
wie immer meinem eigenen rezept badstep folgen: browse, ana-
lyze, design, solve, test, evaluate and push.

0 1
1 0

mutus hat sich endlich gefangen, denn es verbleiben ihm nur
noch wenige minuten zum knacken der ABC-task #31. adre-
nalin ist ein stresshormon und holt aus mutus energiereserven,
die ihm immer wieder das überleben sichern. als ob mutus durch
den besuch bei webscan nicht schon längst unter stress stand und
vom licht geblendet wurde.

aber nun blendet mutus die umgebung aus und konzentriert
sich auf die aufgabe. seinen semantic browser hat er selbst entwi-
ckelt und vertraut ihm voll: die resultate werden nach relevanz
gelistet und nicht einfach uferlos aneinandergereiht.

mutus folgt seinem rezept badstep für die aufgabe A. er ver-
folgt die verhandlungen der regierung kohl mit den russen, den
amerikanern, den briten und franzosen. 'browse and analyze' kann
er abhaken. dann entwirft er einen algorithmus zur aggregati-
on der wichtigsten erkenntnisse und hackt ihn in seinen laptop.
beim testen findet er den output zu umfangreich. wer liest heu-
te noch zusammenfassungen? also ruft er einen seiner deep-lear-
ning-algorithmen auf, die er jeweils für seine maschinengedichte
benutzt, based on soft computing. input: zusammenfassung der
BRD before 1989, precondition: kohl included, output: six rows
max. er kriegt unzählige sechszeiler und wählt einen aus, der ihn
am besten anspricht. er betitelt seinen favoriten mit 'westrinks':

```
die mauer fällt
auf und verbeugt
sich vor kohl
und manchmal sehnt
sie sich nach check
point charlie
```

los geht's zur aufgabe B: zusammenfassung der DDR before 1989, precondition: was war to be included, output: five rows max (schließlich haben die ossis bei der annektion terrain verloren, deshalb eine zeile weniger im output als die wessis). mutus kriegt unzählige fünfzeiler und wählt einen aus, der ihn am besten anspricht. er betitelt seinen favoriten mit 'ostlechts':

```
              stein auf stein
                  stürzt ein
                 was war ist
                jetzt nicht
           mehr und bleibt
```

lisa ermahnt mutus, seinen report abzugeben. die aufgabe C fehlt noch. dann klickt mutus auf seinen nested-merge-algorithmus und betitelt den output mit 'wirschaffendas':

```
        die mauer fällt
        stein auf stein
        auf und verbeugt
            stürzt ein
          sich vor kohl
           was war ist
        und manchmal sehnt
           jetzt nicht
        sie sich nach check
         mehr und bleibt
           point charlie
```

ausgelaugt und am boden zerstört verlasse ich hürlimann, spa und
webscan. laufe den schanzengraben entlang. wasser tut immer
gut. ist aber eher eine brühe, was da im graben liegt.
biege ins niederdorf ein und gelange endlich auf den predi-
gerplatz. besuche die zentralbibliothek. sie soll eine der größten
sein in der schweiz. über sechs millionen medien. anfragen kann
man jederzeit an 'zb@zb.uhz.ch' richten. ein live-besuch bringt
mir jedoch mehr. da liegen unzählige zeitungen und zeitschrif-
ten auf, die zur zerstreuung helfen.
1259 begann diese sammlung des chorherrenstifts am sel-
ben ort. während der reformation schrumpfte der bestand auf
ein paar hundert bände. aus verständlichen gründen: huldrych
zwingli, reformator und leutpriester am großmünster-stift in
zürich, löste einen bildersturm aus. 1524 wurde die kartause
ittingen zerstört. reformationszeit war angesagt. und die bau-
ern interpretierten zwinglis lehre als befreiungsideologie: ab-
schaffung der leibeigenschaft, abschaffung der frondienste, ab-
schaffung der abgaben.
die pestepidemie im jahr 1529 in zürich befiel auch zwingli.
er war schwach und begann, gedichte und lieder zu schreiben.
gott war ihm gütlich und zwingli konnte genesen. er kämpfte
weiter für die aufhebung des zölibats. das heißt, das versprechen,
ehelos zu leben, wurde obsolet.
1531 kam es zum religionskrieg in der eidgenossenschaft. im
zweiten kappeler krieg zwischen zürich und den katholischen kan-
tonen luzern, uri, schwyz, unterwalden und zug unterlagen die
reformatoren. zwingli selbst geriet als soldat während der schlacht
in gefangenschaft und wurde getötet. sein leichnam wurde ge-
viertelt, verbrannt und die asche im wind zerstreut.
entlang der mühlegasse und mit anstoss zum predigerplatz
wurden in den neunziger jahren des letzten jahrhunderts un-
terirdische stockwerke und magazine für die zentralbibliothek
zürich eingerichtet. für die verwaltung gab's ein gebäude am

seilergraben. im predigerchor befindet sich die schatzkammer und eine musiksammlung.

vor kurzem besuchte ich in der schatzkammer die jubiläums-sammlung '100 jahre zb' mit dokumenten aus über 1000 jahren stadtgeschichte. karl, der große, ließ der legende nach das groß-münster erbauen, nachdem er dort auf die gräber der stadtheiligen regula und felix stiess. dann gab's liebesbriefe aus dem mittelal-ter zu entziffern. auch korrespondenz des bürgermeisters rudolf brun oder pläne des pioniers alfred escher.

diesmal bin ich auf der suche nach einem gedicht von gabri-ela mistral. ich kenn nur den titel und eine strophe. mein groß-vater nannte mich als kleiner junge immer niño mexicano. dann zitierte er jeweils die strophen auf spanisch. für mich war es ge-sang. ein wiegelied.

später griff er eine strophe aus dem gedicht in der übersetzung von albert theile heraus und wiederholte es stets in mei-ner anwesenheit, bis ich die strophe auswendig aufsagen konnte:

```
ich lab es im steten wiegen
mich nährt es mit balsam
dem balsam der mayas
um den mich die andern beraubten
```

ich begriff damals die bedeutung dieser strophe noch nicht. aber für großvater schien diese strophe auf mich als niño mexicano gemünzt. ich sei ein indio. stumm, aber reich. und ich sei ge-nährt worden mit balsam, dem balsam der maya.

nun finde ich das gedicht der chilenischen lyrikerin lucila de maria godoy alcayaga, die in dem kleinen dorf montegrande in den anden mit baskisch-indianischen wurzeln aufwuchs:

```
lo alimento con un ritmo
y él me nutre de algún bálsamo
que es el bálsamo del maya
del que a mí me despojaron
```

1 0
0 1

nach dem postkorbbesuch bei webscan war ich tagelang wie gelähmt. ich verliess meine kleine wohnung im niederdorf nicht mehr. lebte von vorräten. zuppa di patate e piselli. zuppa di lenticchie. zuppa di fagioli bianchi.

brot buk ich selbst. zudem: zwiebeln, knoblauch, kartoffeln, pelati, linsen, weiße bohnen, erbsen und und und sind bei mir immer vorrätig. großvater hat mir das beigebracht. er nannte es kriegsvorrat.

heute musste ich mich allerdings aufraffen. ein treffen mit steve war seit langem vereinbart. vereinbarungen sind für mich vereinbarungen. steve wollte mit mir einige strategien für konsens durchpauken. konsens benötigt man für blockchain. blockchain benötigt man für krypto-währungen. krypto-währungen benötigt man für seine eigene sicherheit, wenn banken zahlungsunfähig oder verstaatlicht werden oder auffliegen.

eigentlich bin ich froh, dass ich aus dem haus muss. denn der menüplan steht bereits: calamares mit frischen steinpilzen als vorspeise, kaninchen con marsala mit gemüse und grobem mais als nachspeise.

auf dem markt am helvetiaplatz kaufe ich all meine köstlichkeiten ein: gemüse und frische pilze bei familia rossetti, brot beim scharrenberg, kaninchen vom loohof, käse bei franco formaggi und calamares bei familie gloor. der einkaufsbummel wird zum genuss. klar werden rezepte ausgetauscht. zudem werde ich mit frischen gewürzen eingedeckt: rosmarin für die coniglio, italienischer peterli und limetten für die calamares, kreuzkümmel zum käse.

ich kann es nicht lassen und gönn mir einen pastis mit gerösteten mandeln. ich muss mich ja noch vorbereiten für den blockchain-crash-kurs. hole meinen laptop hervor und öffne meine poetry-slam-machine. input: A B C C E H H I K L N O T. processing: merge 13 input symbols. output: 7 rows with identical

26

input symbols. post condition: LOCK BLACK BLOCK CHAIN BACK and BLICK and DRINK included. muss mich beeilen, damit ich den mais im voraus kochen und das kaninchen in den ofen schieben kann. steve kenn ich schon lange aus der hackerszene. das vertrauen stimmt zwischen uns. gegenseitiges vertrauen ist das a und o in der hackerszene. meinen hacker circle halte ich allerdings klein. bin misstrauisch und arbeite nur mit mir bekannten hackern. nun ertönt der dreiklang. ich öffne die wohnungstür und steve tritt ein, mit bianco terre siciliane und nero d'avola sicilia. er kennt meine vorlieben. wir umarmen uns und setzen uns zum aperitivo: geröstetes brot mit burrata, rucola, olivenöl und frischem pfeffer. dazu den von steve kaltgestellten weißwein aus sizilien. alles köstlich.

**0 1
1 0**

steve war begeistert vom blockchain-crash-kurs. damit gelingt eine verteilte, sichere und vertrauenswürdige buchhaltung von eigentumsrechten, finanzmitteln, digitalen identitäten oder abstimmungsresultaten ohne zentrale kontrolle. sprich, ohne staatliche kontrolle. world wide independence.

mutus brachte es auf den punkt: im zentrum steht das problem der byzantinischen generäle. dieses beziehe sich auf die eroberung der stadt konstantinopel im jahr 1453. mutus erklärte, dass die angreifer unter dem osmanischen sultan mehmed II. der legende nach ein kommunikationsproblem hatten. nichts neues im westen.

die angreifer versuchten damals, konstantinopel von mehreren seiten gleichzeitig anzugreifen. sich mit botengängen über die geplante angriffszeit auszutauschen, gestaltete sich als schwierig.

einige osmanische befehlshaber intrigierten gegen andere, um diese beim sultan mehmed II. in misskredit zu bringen. die stadt konstantinopel war eine der am besten gesicherten städte auf dem kontinent. deshalb war es für die angreifer wichtig, den angriff gleichzeitig zu starten.

die verteidigung von konstantinopel oblag kaiser konstantin XI., der als letzter kaiser des byzantinischen reichs der wahrscheinlichkeit nach noch während des letzten sturms durch das osmanische belagerungsheer gefallen war. die angreifer benutzten einen algorithmus zum konsens. die mehrheit der befehlshaber entschied damit, ob angriffsziel und zeitpunkt des angriffs okay waren.

mutus erklärte steve, dass das problem der byzantinischen generäle einzug in die informatik fand. unter dem stichwort byzantinischer fehler. mutus tippte in seinen laptop, dass in einem verteilten netz von sensoren für autobahnen, flughäfen, kraftwerke oder produktionsanlagen dauernd nachrichten übers web ausgetauscht würden. falls jedoch ein oder mehrere sensoren fehlerhaft messen und falsche daten weitergeben würden, könnten sich die fehler aufschaukeln. im extremfall könnte das netz durch fehlerhafte messungen und übertragungen zum erliegen kommen. crash pur für autobahn-signalisationen, flughafen-abfertigungen und flugkontrollen sowie für kraftwerke oder produktionsanlagen.

mutus extrahierte das forschungspapier von lamport, shostak und pease mit dem titel 'the byzantine generals problem', veröffentlicht in den 'acm transactions on programming languages and systems', vol. 4, no. 3, july 1982, pp. 382–401 und erläuterte steve den konsensalgorithmus, der den byzantinischen fehler beheben kann.

steve war begeistert von den geheimnissen der blockchaintechnologie und fragte mutus, welche die grundlagen davon seien. mutus zitierte satoshi nakamoto – vorsicht pseudonym –, der ein electronic cash system 2008 mit folgenden eigenschaften veröffentlicht hatte:

- double spending is prevented in a peer to peer network
- no mint or other trusted party
- participations can be anonymus
- new coins are made from hashcash style proof-of-work

mutus insistierte mit einer textzeile: 'dies war die geburtsstunde von bitcoin.' und er hackte mit einer textzeile nach: 'kennst du mein poem 'blockchaindisrupted'?' steve wollte es wissen. hier ist es:

```
B L O C K T H E C H A I N
C H A I N T H E B L O C K
L O C K T E N H I B A C H
B A C K T E N H I L O C H
B L I C K T H E N H O C A
B L A C K T H E N H O C I
D R I N K T E N B L O C I
```

0 1
1 0

webscan versucht mehrmals, mit mutus telefonisch kontakt aufzunehmen. keine chance. mutus' iphone lässt nur drei nummern zu: großvater mit prio 1, anatina mit prio 2 und steve mit prio 3. auf facebook, twitter, tiktok et al. blitzt webscan ebenfalls ab. wie kann ein nerd sich aus sozialen medien heraushalten, fragt sich lisa als spezialistin für human resources. das spricht ja bände. jedenfalls ist lisa bis jetzt noch keinem bewerber begegnet, der nicht auf unterschiedlichen social-media-plattformen präsent ist. lisa browst weiter im web nach elektronischen kontaktdaten. keine chance.

lisa kontaktiert attila und fragt um hilfe. attila schmunzelt und sagt, dass mutus ein außergewöhnlicher computerfreak sei.

er lasse sich durch nichts ablenken und kenne nur seine algorithmen. aber er könne ihr die email-adresse von mutus weitergeben. lisa versteht nicht, wie ein computerfreak in der heutigen zeit immer noch die elektronische post benutzt. immerhin ist sie dankbar, dass sie nun einen kontakt zu mutus gefunden hat.

lisa lädt mutus zu einem persönlichen gespräch bei webscan ein. die resultate der postkorbübung liegen vor und sie würde gerne mit ihm einige fragen vertiefen.

die antwort von mutus kommt postwendend. im moment müsse er das hürlimann-areal meiden, aber ein treffen in der altstadt sei jederzeit möglich. vorschlag: bodega espaniola.

seit 1874 gibt's die bodega an der münstergasse im oberen teil des niederdorfs und angrenzend ans oberdorf. sie hieß damals casa gorgot – gegründet von pedro gorgot aus catalunya – und enthielt eine weinhandlung mit spanischen weinen. noch heute gibt's den zur bodega gehörenden weinkeller vis à vis vom restaurant. das kellergewölbe der antigua bodega stammt aus dem zwölften jahrhundert und war früher die pferdestallung der alten zürcher post.

mutus lernte dora koster in der bodega espaniol kennen, als sie noch lebte. einmal erhielt er von ihr den gedichtband 'merde' als geschenk. eines der gedichte kann er heute noch auswendig mit seiner inneren stimme rezitieren:

```
wir werden uns immer und ewig begegnen
in den gegenständen die du mir
an den kopf schmeißen wolltest
oder in den blumen die ich nicht
wagte dir zu schenken
```

lisa ist verwirrt und meint, das treffen sei geschäftlich und nicht privat. sie könne nicht in einer beiz über mögliche anstellungsmodalitäten mit ihm debattieren. 'dann lassen wir's', war die getippte antwort von mutus.

attila setzt lisa unter druck und fragt nach, wie weit die gespräche mit mutus seien und ob eine anstellung bald möglich werde. lisa muss ihren frust unterdrücken und schreibt am nächsten tag an mutus, dass ein kurzes gespräch im niederdorf für sie machbar sei.

mutus postet lisa, dass die bodega espaniola oft von dora koster – bekannt unter dem namen oiseau bleu – aufgesucht wurde. lisa möchte wissen, was das mit einem treffen mit ihr zu tun habe. 'lies ihr buch 'nichts geht mehr' ', war die antwort von mutus.

immerhin löste 'nichts geht mehr' von dora einen wirbel aus. dora koster, schweizer schriftstellerin, malerin und prostituierte, fand ein echo auf der buchmesse in frankfurt. später erhielt sie für ihr soziales engagement gar einen preis von der nordseeinsel helgoland.

endlich fixieren lisa und mutus ein treffen in der tapas- und weinbar im parterre der bodega espaniola. mutus ist zufrieden, denn an einfachen holztischen und auf wackeligen holzstühlen treffen sich jung und alt, geschäftsleute, künstlerinnen, studierende, musiker und ab und zu auch nerds. für spezialistinnen der human resources wird dies sicher eine bereicherung bedeuten.

1 0
0 1

bereits um zehn uhr dreißig betrete ich die bodega. mein gespräch mit lisa ist auf elf uhr vereinbart. lisa meinte, über mittag sei es diskreter als gegen abend, verhandlungen zu führen. was sie genau unter 'verhandlungen führen' auffasst, wird sich bald herausstellen.

langsam füllt sich die vitrine der tapas mit köstlichkeiten. ich habe hunger und bestelle drei, vier tapas: boquerones fritos mit limetten, tintenfisch pulpo a la gallega, gebratene pimientos und patatas bravas. dazu einen dreier reto, einen weißwein albillo de albacete aus der region castilla-la mancha.

31

enrico bringt mir wein, brot und tapas an den tisch. wir unterhalten uns mit gebärden übers wetter in zürich und die unzähligen bauereien in der altstadt, die mit lärm und preissteigerungen für die mieten verbunden sind.

nun suche ich mein schachtelgedicht 'wirschaffendas' respektive 'westrinksostlechts' über kohl und checkpoint charlie, das ich vor tagen bei webscan generiert habe. ein elfzeiler in wenigen minuten produziert. dank meinen zuverlässigen algorithmen. lisa steuert auf mich zu und meint: 'schon am essen?' ich begrüße sie auf meine art mit gesten und grimassen und zeige auf den stuhl vis à vis von mir. dann möchte ich ihr von meinem weißen einschenken. lisa lehnt ab und ich bestelle eine garrafa de água mit zwei trinkgläsern, schiebe die tapas richtung lisa, doch sie wirft die hände hoch: 'esse keine meeresfrüchte oder fische, bin vegan.' ich fühle mich wie auf dem monte verità.

hab mal den klassiker 'animal liberation' von peter albert david singer im original gelesen. 'a new ethics for our treatment of animals'. sein haupt-argument war: equal consideration of interests. klar, massentierhaltung, schlachthofindustrie, chemieeinsatz, programmierte ernährung und und und, zum kotzen. doch sollte man nicht nur tiere, sondern auch pflanzen gleichermaßen respektieren? der umwelt mehr sorge tragen?

lisa schubst mich und holt mich aus der träumerei. sie erzählt mir, dass mein auftritt im oval room gemischte gefühle ausgelöst habe. sie hätten mir zuliebe auf ein gruppen-assessment verzichtet und mir eine postkorbübung angeboten. ich hätte die spielregeln allerdings nicht respektiert. und übrigens … ich hielt ihr meinen laptop unter die nase. drauf stand: 'post cage task #31 solved. 11 short lines for ABC;-)'

der ganze körper von lisa verspannt sich. sie scheint mein straight forward nicht zu ertragen. sie holt luft und dann aus: 'darf ich bitte aussprechen?' dann erläutert sie mir die negativen reaktionen der marketingleiterin. und der psychologe theo finde mich verhaltensauffällig mit meinen jaktationen. 'sorry', fährt lisa fort, 'theo meinte deine krankhaften kopf-, körper-, hand- und fingerbewegungen.' meine nervosität wohl. 'darf ich ehrlich sein zu dir?', fragt mich lisa. ich schweige. sie sagt: 'wir nennen dies 'little-professor-syndrom'.' ich gestikuliere zu lisa, ob ich darauf reagieren dürfe. sie nickt. ich tippe: 'nerd syndrom.' erst jetzt taucht ein leises lächeln im gesicht von lisa auf. sie holt nochmals tief luft und sagt mit weniger verspanntheit: 'du magst recht haben. attila bewundert deine überdurchschnittliche intelligenz.' ich weiß nicht, was 'über dem durchschnitt' heißt. kann man intelligenz messen: vogel verhält sich zu fliegen wie fisch zu? hand verhält sich zu finger wie fuß zu? auge verhält sich zu sehen wie ohr zu? mund verhält sich zu sprechen wie? ist das die alte IQ-geschichte, die sich wiederholt? bei bewerbungen mit schriftlichem IQ-test hörte ich regelmäßig: rasche auffassungsgabe, top strukturiertes vorgehen, unkonventionelle lösungssuche, unerwartete resultate, inselbegabung.

lisa schaut auf die uhr und zieht eine mappe aus ihrer ledertasche. 'hier ist ein vertragsentwurf. du könntest sofort im searchengine-team anfangen. attila schätzt deine fähigkeiten.' ich bin baff. kopf und körper rotieren. verstecke meine hände unter dem tisch. senk den kopf. alles dreht sich.

'ich muss langsam weiter', sagt lisa laut. ich tauche aus der unterwelt auf. 'hast du noch fragen?', fragt lisa. mit zittriger hand poste ich: 'attila kann mich nicht beurteilen, denn er kennt mich nicht.' – 'doch, klar, er kennt dich besser, als du denkst', ermuntert mich lisa. und dann rutscht ihr etwas raus, das sie lieber für sich behalten hätte: 'deine rezeptsuche war erfolgreich.' ich bin perplex und hacke in meine maschine: 'luxemburgerli?' lisa errötet und sagt: 'sorry, das ist ein missverständnis. zudem darf ich nicht über projekte von webscan sprechen.' dann legt sie eine zwanzigernote auf den holztisch, verabschiedet sich von mir und verlässt die tapasbar ohne weitere erklärung.

mutus sitzt zerknittert in der tapasbar der bodega espaniola. auf dem tisch stehen einige wenige tapas, brot, wasser und wein. zudem eine mappe mit dem signet 'webscan – run for future' und dem vermerk 'top secret'.

vieles wirbelt mutus durch den kopf. kann das sein, dass der auftrag von attila kam? spannt die volksrepublik china mit webscan zusammen? besser gesagt, umgekehrt? ein großer gelber stern mit vier trabanten auf rotem hintergrund kreist im hürlimann areal. top secret.

atommacht china, mitglied des weltsicherheitsrates, WHO, weltbank, UNESCO, G20 et al. zählt 1.400.000.000 einwohner mit kaufkraftparität 13.393.000.000.000 USD und somit an erster stelle weltweit. bruttoinlandsprodukt an zweiter stelle hinter den USA und bruttoinlandsprodukt pro einwohner an neunundsechzigster stelle weltweit. jährliches wachstum der wirtschaft in den letzten jahren gegen 9 prozent. finanzierung der entwicklung in afrika, umerziehung der uiguren in xinjiang, unterdrückung der proteste in hongkong, streit mit taiwan und erkrankungswelle in der chinesischen stadt wuhan. mit telekomdienstleister china mobile, china unicom, china telecom und netzwerkausrüster huawei und zhong xing telecommunication equipment company limited. zudem china aerospace science and technology corporation.

all dies geht mutus durch den kopf und er kann nicht nachvollziehen, weshalb webscan mit maos nachfolger xi jinping zusammen spannt. wie passt das zum handelskrieg zwischen den USA und china?

enrico unterbricht die gedanken von mutus und fragt nach, ob die tapas nicht genießbar seien? mutus kommt langsam ins niederdorf zurück und gestikuliert, er sei abwesend gewesen. 'kann mir vorstellen nach einem damenbesuch', sagt enrico lächelnd.

mutus probiert den tintenfisch und die sardellen samt beilagen. mundet ausgezeichnet. die kraft kommt zurück in seinen körper. der weißwein tut das seine.

er muss unbedingt mit steve zusammen die auftragskette des luxemburgerli spionagefalls aufdecken. backtracking nennt er das in seinem vokabular.

wut kommt hoch. mutus adrelaninspiegel steigt. zusammen mit der hamburgerin zoe wees schreit er innerlich 'i don't wanna lose control.' er kennt alle strophen dieses songs. er stöpselt seine ohren, öffnet #ZoeWees#Control#OfficialVideo und singt mit:

```
i don't wanna lose control
nothing i can do anymore
tryin' every day when i hold my breath
spinnin' out in space pressing on my chest
i don't wanna lose control
```

mutus trinkt das wasser und seinen wein aus. er bezahlt die zeche bei enrico. dieser bringt ihm einen carajillo als una ofrenda de la casa. früher mischten die soldaten der spanischen truppen auf kuba kaffee mit rum. enrico hingegen erhitzt einen spanischen weinbrand mit einer zitronenschale und zwei, drei kaffeebohnen in der dampfdüse der espressomaschine in einem kleinen feuerfesten glas. er zündet das gemisch an und karamellisiert etwas zucker auf einem löffel. dann wird die brennende mischung samt gebranntem zucker um einen heißen espresso ergänzt und serviert.

0 1
1 0

auch in den nächsten tagen legt sich mutus' wut nicht. der anstellungsvertrag von webscan bleibt unangetastet in der mappe. no run for future.

mutus kann es nicht fassen, dass spionageaufträge zwischen zhongnanhai – hauptquartier der kommunistischen partei chinas sowie der regierung der volksrepublik in peking – und dem hürlimann areal – hauptquartier der firma webscan in europa mit angegliedertem forschungszentrum für web analytics in zürich – existieren. in geheimer mission?

zhongnanhai ist allseitig von schwer bewachten mauern umgeben und umfasst die beiden seen nanhai – südlicher see – und zhonghai – mittlerer see. an den ufern dieser beiden seen befinden sich zahlreiche historische gebäude aus den dynastien der kaiserzeit. seit zhongnanhai sitz des modernen chinas geworden ist, bleibt es für die öffentlichkeit unzugänglich, wie einst die verbotene stadt in der ming- und qing-dynastie.

das hürlimann areal ist offen zugänglich und verfügt über diverse firmen und start-ups, hotels und gastronomie, ein spa und das international tätige firmenkonglomerat webscan. geht man ein paar schritte, ist man am zürichsee oder im großmünster oder in der bodega espaniola.

da muss ein systemfehler vorliegen, vermutet mutus. oder korruption im quadrat. apropos systemfehler: um sich besser abzulenken, greift mutus zu seinem hobby. nun sucht er nach einem algorithmus, der ein siebenzeiliges maschinengedicht über 'systemfehler' generieren soll. und zwar über die identische buchstabenfolge

```
r r r
 e e
 m m
 s s
  i
  o
  t
  y
```

damit sind die parameter für den algorithmus gesetzt. input: 13 buchstaben, nämlich r, r, r, e, e, m, m, s, s, i, o, t und y. output: 7 zeilen, je mit dieser buchstabenkombination.

damit der algorithmus noch eine zusätzliche hürde nehmen muss, verlangt mutus, dass der output zudem deutsche, englische

und französische wörter enthalten soll, wie irrer, terror oder tirer.
mit anderen worten: trilinguales maschinengedicht mit 7 zeilen
à 13 identischen buchstabenkombinationen.

der computer schluckt den algorithmus und generiert gedicht
um gedicht. mutus wählt den folgenden siebenzeiler aus:

```
error im system
rrore im system
miror re system
irrer om system
tirer om sysrem
terror im sysem
reter im sysrom
```

konkrete lyrik à la eugen gomringer. jetzt ist er ein bisschen run-
tergekommen und die wut in seinem bauch lässt nach.

0 1
1 0

zwischen drei und vier uhr morgens holt mutus sein stahlross sil-
kroad von tout terrain aus dem keller, klickt zwei satteltaschen
ein und radelt los. er liebt sein tourenvelo über alles. es ist ausge-
rüstet mit einer tretlagerschaltung, achtzehn leistungsübertragen-
den zahnrädern, zwei getriebewellen, zwei nockenwellen. kei-
ne gangüberschneidungen. keine störkonflikte, da die kraft via
keilriemen aufs hinterrad übertragen wird.

mutus startet gerne in der dunkelheit des morgens. hinter ihm
der anschleichende tag, vor ihm die verblassende nacht. er fährt via
bremgarten, wohlen und lenzburg in richtung falten- und tafeljura.
in aarau macht er einen zwischenhalt und trinkt eine heiße ovo.

der spionageauftrag für die luxemburgerli lässt ihn nicht mehr
los. weshalb geschäftet webscan mit illegalen mitteln? und zudem

mit den chinesen? den von den amis gehassten chinesen. er muss unbedingt sein talent ausschöpfen und herausfinden, welche parteien beim klau des rezepts von chocolatier sprüngli involviert sind. und wie sieht das geschäftsmodell von webscan aus?

nach der heißen ovo stößt mutus sein rad zum obertor mit dem obertorturm, der fünfeinhalb meter im boden verankert ist und über einundsechzig meter in die höhe ragt. früher dienten die oberen stockwerke als wachturm, die unteren als gefängnis. klare trennung: oben die wächter, unten die verbrecher. hinter obertor und turm steht das landjägerwachthaus. unter der kleinen säulenhalle entdeckt mutus einen zeitungsstand mit der schlagzeile: 'mysteriöser mord von nina kandinsky in gstaad'. er kauft den tagi und überfliegt den artikel, denn sein großvater ist fan von kandinsky. von wassily kandinsky. nina nikolajewna andreevskaja war die zweite frau des russischen malers. die beiden mussten zweimal fliehen, das erste mal vor den kommunisten und das zweite mal vor den nazis.

1980 wurde nina kandinsky ermordet. in der schweiz. in gstaad. im chalet esmeralda. gstaad is an upscale resort town in the bernese oberland region of the swiss alps. who is who in gstaad. vierzig jahre behielt die berner behörde die akten zum mordfall unter verschluss. vier bundesordner. versäumnisse der polizei. mord nicht aufgedeckt. millionenschweres diebesgut unauffindbar: schmuck, keine bilder.

mutus setzt seine velofahrt fort, überquert die aare auf der kettenbrücke und erreicht erlinsbach und obererlinsbach. endlich, beim aufstieg richtung hardmännlijoch und salhöhe lässt mutus webscan hinter sich. er trampelt hoch und genießt die landschaft.

nach der salhöhe geht's runter mit tempo. nach der kirche in kienberg biegt mutus links ab und steigt sanft nach ammel an. er kennt diese tour seit jahren. gegen neun uhr erreicht er das alte haus seines großvaters.

mutus großvater hat bereits ein einladendes frühstück für mutus vorbereitet: mit rösti, spiegeleiern, schinken, gekochten pelati und gerösteten champions. dazu grüntee gyokuro aus japan. mutus überreicht den tagi mit der schlagzeile zum unaufgeklärten mord von nina kandisky dem großvater. dieser freut sich über die aktualität und meint, dass bei betuchten leuten aufklärung nach einem todesfall nicht en vogue sei. es überrasche ihn wenig, dass die polizisten in gstaad und im kanton bern stümperhaft vorgingen. wenn friedrich reinhold dürrenmatt noch leben würde, hätte er sich dieser geschichte sicher angenommen und einen krimi unter dem titel 'an die unbekannte stimme' verfasst.

wassiljewitsch kandinsky sei am vierten dezember 1866, nach julianischem kalender, in moskau geboren, erklärt großvater. der julianische kalender sei ein sonnenkalender gewesen, mit zwölf monaten und einem schaltjahr. eingeführt im römischen reich von julius caesar. die damaligen astronomen hätten das jahr auf 365 tage geschätzt und für jedes vierte jahr 366 tage vorgeschlagen. allerdings sei es zwischen dem zivilen jahr und dem sonnenjahr zu weiteren verschiebungen im tage gekommen, bis unter dem pontifikat des papstes gregor XII. der julianische kalender im sechzehnten jahrhundert unter dem label gregorianischer kalender reformiert wurde: diesem liege eine jahreslänge von 365,2425 tagen zugrunde und komme dem sonnenjahr von 365,2422 tagen näher. demnach sei wassily kandinsky nach gregorianischem kalender am sechzehnten dezember 1866 auf die welt gekommen und nicht am vierten dezember.

mutus interessiert sich für die malerei von kandinsky und sein großvater steigt mit ihm in seine bibliothek im kellergewölbe. er zeigt mutus einige exemplare des almanach 'der blaue reiter' und 'das jüngste gericht komposition V. 1911', das zum bruch mit der neuen künstlervereinigung münchen N.K.V.M. führte.

danach vertiefen sich mutus und großvater in diverse werke aus der zeit des bauhauses in weimar und dessau. mutus ist begeistert von den geometrischen strukturen in den bildern von kandinsky. punkt und linie und fläche. kandinsky habe durch abstraktion eine grammatik entwickelt, um die gegenstandslosigkeit zu erfassen. im kern sei dies der musik ähnlich, welche durch komposition von noten gefühle übertrage, erläutert großvater. kandinsky sei es darum gegangen, die menschliche seele mit seinen bildern zu berühren, durch farbklänge und farbsymphonien.

und dann geschieht etwas unerwartetes: großvater schenkt mutus das buch 'über das geistige in der kunst' von kandinsky. erschienen in der vierten auflage beim verlag benteli in bernbümpliz 1952. mit einer einführung von max bill, vierzig jahre nach dem erstdruck.

mutus ist verwirrt und kann dieses kleinod nicht annehmen. er weiß, dass sein großvater kandinsky über alles schätzt. wie könnte er die erläuterungen zur formen- und farbensprache von kandinsky aus der hand geben? und an ihn, den stummen mutus?

großvater ermuntert mutus zu einem gegengeschäft und meint, er schenke ihm das werk 'über das geistige in der kunst' und mutus solle ihm ein gedicht über kandinsky als gegenleistung widmen.

0 1
1 0

mutus und steve sind im piz daint eingeloggt, dem schnellsten hochleistungsrechner in europa. sie besitzen eine lizenz beim swiss national supercomputing center in lugano. die spitzenleistung beträgt 25 peta FLOPS. FLOPS bedeutet Floating Point Operations Per Second. peta FLOPS bedeutet 25.000.000.000.000.000 Floating Point Operations Per Second. nur die beiden chinesen, der sunway taihu light mit 93.000.000.000.000.000 FLOPS und der tianhe-2 mit 44.000.000.000.000.000 FLOPS sind schneller.

mutus möchte zusammen mit steve herausfinden, über welche kanäle der spionageauftrag von peking nach zürich gelangt. peking scheint gesetzt. steve bekam wind von einem hackerteam aus boston, das sich auf werkspionage spezialisiert hat. anscheinend arbeitet das bostoner team des öfteren mit regierungsnahen kreisen in peking zusammen. allerdings konnte steve weder den auftraggeber noch den auftragsempfänger eruieren. lediglich zwei hackerkollegen, ein norweger aus trondheim und ein irländer, der in london wohnt, waren in die weitergabe des spionagefalls an steve involviert. da die rechner von sprüngli speziell gesichert seien, landete der luxemburgerli-auftrag auf dem tisch von mutus.

mutus und steve treffen mit ihren vorarbeiten die folgenden annahmen: der auftrag stammt aus regierungskreisen aus peking, möglicherweise von einem staatlich beauftragten hackerteam. damit ist die quelle gesetzt: peking.

laut der unüberlegten äußerung von lisa wurde webscan aus zürich beauftragt, die server von sprüngli zu knacken. attila und sein team waren wohl erfolglos. aus diesem grund kontaktierten sie nach auffassung von mutus und steve das hackerteam in boston. zielort gesetzt: das green computercenter in zürich mit dem outsourcing-auftrag von sprüngli.

 ins green computercenter in zürich war mutus eingedrungen, um an die luxemburgerli ranzukommen. genauer: ans rezept. mutus versteht bis heute nicht, weshalb sprüngli seine rezepte in einem data- und computercenter aufbewahrt. kommt hinzu, dass das green computercenter eine spezialität anbietet, nämlich 'china express connect'. damit erhält jede firma im outsourcing-programm vom green computercenter zürich automatisch exklusive verbindungen nach china. latenzzeiten: nach bejing 122 ms (milli sekunden), shanghai 142 ms, hong kong 160 ms. aber auch tokyo und singapore sind bestens mit dem green computercenter in zürich vernetzt: singapore mit 140 ms und tokyo mit 179 ms. mutus und steve beginnen mit der vorbereitung der inputdaten für die analyse. alle relevanten datenpakete des nachrichtenaustauschs im zeitfenster des auftrags an mutus müssen erwischt werden. quelle: peking, eingeschränkt auf die server der regierung und einiger hackerteams. zielort: green computercenter zürich, cloud sprüngli. die datenpakete aus dem festgelegten zeitfenster mit eruierter quelle peking und eruiertem zielort zürich werden abgesogen.

als weiterer schritt müssen die verschlüsselten nachrichten decodiert werden. dies ist für mutus ein klacks. darin kennt er sich aus. er lässt sämtliche datenpakete durch seine parallelen algorithmen der entschlüsselung laufen. mutus und steve sind erleichtert, dass die meisten pakete in englischer sprache verfasst sind. einige pakete müssen allerdings vom chinesischen ins englische sowie vom deutschen ins englische übersetzt werden, denn als zielsprache legen mutus und steve englisch fest.

nun kommt der springende punkt der datenanalyse: der input − ein big-data-bestand von datenpaketen − soll mit deep-learning-algorithmen ausgewertet werden. kern der anwendung sind künstliche neuronale netze. diese bestehen aus einem netzwerk von verarbeitungseinheiten, die miteinander verbunden sind. die verarbeitungsknoten oder künstlichen neuronen sind dem menschlichen gehirn nachempfunden. nach dem erfolgten preprocessing werden die datenbestände im künstlichen neuronalen netz gewichtet, mit schwellwerten verglichen und zu ablaufketten der nachrichten verdichtet.

der bestand der resultierenden ablaufketten für den spionageauftrag ist ebenfalls umfangreich. allerdings sind die ablaufketten gewichtet. am nächsten bei der wahrheit, symbolisiert durch 1.0 oder 100 %, liegt die auftragskette a_1 mit 0.87315 oder 87.315 % treffsicherheit. dann folgt a_2 mit 0.87149, a_3 mit 0.87141 und und und. mutus und steve kopieren die ersten zehntausend auftragsketten a_1 bis $a_{10'000}$ auf ihre privaten massenspeicher samt den dazugehörigen nachrichten in der zielsprache englisch.

die ersten grobanalysen lassen bereits einige zwischenstationen der paketvermittlung zwischen peking und zürich erkennen, wie hongkong, singapur, melbourne, philadelphia, boston, london, dublin, genf, napoli, split, trondheim, minsk oder stalingrad.

mutus und steve lassen ihre software zum pattern matching über den bestand der ablaufketten sausen. sie möchten eine liste der involvierten personen samt location und wichtigen angaben zum luxemburgerli-rezept-spionagefall. diese inhaltliche und semantische analyse braucht zeit, trotz supercomputer. aus diesem grunde beschließen mutus und steve, auf ein bier ins niederdorf zu gehen. die resultate können warten.

1 0
0 1

seit tagen bin ich nervös und kann nachts kaum mehr schlafen. im traum sehe ich ährenfelder, die sich wellenartig bewegen. s-chanf hat fünf gelbe ähren auf blauem hintergrund im wappen. es liegt in der region des parc naziunal svizzer im oberengadin. auf 1661 metern über dem meer. 1661 ist keine primzahl. 1661 ist keine fibonacci-zahl. 1661 ist keine bellsche zahl. 1661 ist keine catalan-zahl und trotzdem gefällt sie mir. denn die teiler von ihr sind eins, elf, einhunderteinundfünfzig und eintausendsechshunderteinundsechzig.

zu meiner beruhigung sage ich alle primzahlen zwischen null und tausend aus meinem gedächtnis lautlos auf: 2, 3, 5, 7, 11, 13, 17, 19, 23, 29, 31, 37, 41, 43, 47, 53, 59, 61, 67, 71, 73, 79, 83, 89, 97, 101, 103, 107, 109, 113, 127, 131, 137, 139, 149, 151, 157, 163, 167, 173, 179, 181, 191, 193, 197, 211, 223, 227, 229 und so weiter, bis 809, 811, 821, 823, 827, 829, 839, 853, 857, 859, 863, 877, 881, 883, 887, 907, 911, 919, 929, 937, 941, 947, 953, 967, 971, 977, 983, 991, 997.

rückwärts kann ich sie auch problemlos runterspulen: 997, 991, 983, 977, 971, 967, 953, 947, 941, 937, 929, 919, 911, 907, 887, 883, 881, 877, 863, 859, 857, 853, 839, 829, 827, 823, 821, 811, 809, 797, 787, 773, 769, 761, 757, 751, 743, 739, 733, 727, 719, 709, 701, 691, 683, 677, 673, 661, 659, 653, 647, 643, 641,

631, 619, 617, 613, 607, 601, 599 et cetera, bis runter zu 31, 29, 23, 19, 17, 13, 11, 7, 5, 3 und 2.

diese morgendlichen turnübungen mit primzahlen oder anderen zahlenfolgen bringen etwas ruhe in meinen körper. manchmal denke ich: ich zähle, also bin ich.

anatina kommt von s-chanf. sie spricht deutsch, französisch, italienisch, portugiesisch und puter. Puter, oder besser gesagt putèr, ist ein rätoromanisches idiom. man spricht es zwischen maloja und cinuos-chel sowie in bravuogn im kanton graubünden.

L'UMAUN
SAINZ'AMUR
ES SCU ÜN
PRO SAINZA
FLUR

anatina habe ich vor ein paar jahren in s-chanf getroffen. ich war mit meinem silkroad tourenvelo unterwegs. mein ziel war ein besuch des nationalparks. da es ununterbrochen regnete, fand ich unterschlupf in der villa flor in s-chanf. sieben zimmer gibt's dort. eines war für mich.

das kleinod wird von anatina geleitet. ich blieb einige tage im flor. an der somvih 19 in 7525 s-chanf. auf 1661 metern über dem meer. weshalb? ich verliebte mich in anatina. dumm nur: sie weiß bis heute nichts davon. DER MENSCH OHNE LIEBE IST WIE EINE WIESE OHNE BLUME.

1 0
0 1

anas steht unter der wohnungstür und begrüßt mich mit der frage: 'welche primzahl liebst du am meisten?' ich zeichne ein auf dem kopf stehendes großes A in die luft. dieses symbol steht für den allquantor. es ist ein quantifier. ein operator der prädikaten-logik. er bedeutet 'alle'.

es stimmt natürlich nicht ganz, dass ich alle primzahlen gleichermaßen liebe. einige gefallen mir mehr als andere. trotzdem: alle primzahlen p erfüllen dieselbe gleichung $\phi(p) = p - 1$. dies mithilfe der eulerschen ϕ-funktion. nehmen wir die primzahl 11. die anzahl aller zu 11 teilerfremden zahlen kleiner als elf ergibt den ϕ-wert von 11. $\phi(11)$ ist also zehn. weshalb? die teilerfremden zahlen von elf sind die zahlen mit dem größten gemeinsamen teiler identisch eins. oder kürzer ausgedrückt: ggt(x, 11) = 1 für alle x von 1 bis 10. man kriegt also ggt(1, 11) = 1, ggt(2, 11) = 1, ggt (3, 11) = 1, ggt(4, 11) = 1, ggt(5, 11) = 1, ggt(6, 11) = 1, ggt (7, 11) = 1, ggt(8, 11) = 1, ggt(9, 11) = 1 und ggt(10, 11) = 1. also ist die ϕ-zahl der primzahl 11 identisch mit 10, respektive $\phi(11) = 10$.

anas schaut mich verdutzt an und holt mich aus meiner ϕ-wolke ins niederdorf zurück. um meine verlegenheit zu überspielen, zeige ich spontan meine drei finger der rechten hand wie zum schwur erhoben und halte danach den daumen derselben hand nach oben. 'ist das gebärdensprache?', will anas wissen.

ich zerre anas in meine klause und tippe auf meinem laptop die zahl '31' ein. einunddreißig ist prim. nur durch sich und durch eins teilbar. '31 ist prim und schön', tippe ich nach.

anas gibt nicht auf und will wissen, was denn schön sei an der einunddreißig. ich tippe das siebenzeilige zahlengedicht

31
331
3331
33331
333331
3333331
33333331

ein und ergänze: 'alles prim.'

anas meint, mein schönheitsempfinden mit den dreiern und der eins könne er nachvollziehen. jedoch hätte ich ihn gebeten, die ablaufketten zwischen peking und zürich durchzugehen und nicht primzahlenreihen. hinter mein reihengedicht '31, 331, 3331, 33331, 333331, 3333331, 33333331' schreibe ich: 'ist keine primzahlenreihe und trotzdem schön.' eine reihe setzt sich ja ins unendliche fort. aber das muster der primzahlen 31, 331, 3331, 33331, 333331, 3333331 und 33333331 lässt sich nicht fortsetzen. auch nichtfortsetzbarkeit kann schön sein. 'mutus, ich hab deine ablaufketten samt nachrichten mal analysiert', weckt mich anas. 'ich komm zum schluss, dass die hackergruppe china_first aus peking via boston direkt mit webscan in zürich verhandelte.' ein gewisser attila von webscan sei am spionageauftrag aus peking gescheitert. er habe dann auf eigene faust die hackerszene weltweit über seine kanäle abgeklopft. wer genau aus der hackerszene in die cloud von sprüngli eingebrochen sei, lasse sich mit dem datenhaufen nicht entschlüsseln. aber eins sei sicher, das luxemburgerli-rezept von sprüngli sei in der cloud von sprüngli geknackt worden. die cloud werde übrigens vom greencomputer center in zürich betrieben. diese firma brüste sich zudem mit einer der besten netzverbindungen zwischen europa und china. 'sie nennen ihr angebot 'china express connect' ', meint anas.

ich liege am boden. webscan kollaboriert mit peking. ich wusste es ja. seit meinem treffen in der bodega espaniol. jetzt steht fest: webscan betreibt werkspionage. werkspionage in der schweiz. mit 'china express connect' zu sprüngli. alles nur ein katzensprung. mit china_first und webscan.

der siebenzeiler 31, 331, 3331, 33331, 333331, 3333331, 33333331 ist keine primzahlenreihe. die fortsetzung mit 333333331 stürzt ein. 333333331 ist nicht prim. 333333331 ist teilbar. 333333331 ist teilbar durch 1. 333333331 ist teilbar durch 17. und 333333331 ist teilbar durch 333333331.

1 0
0 1

in den letzten tagen habe ich mich in 'über das geistige in der kunst' vertieft: 'ein großes spitzes dreieck in ungleiche teile geteilt, mit der spitzesten, kleinsten abteilung nach oben gewendet – so ist das geistige leben schematisch richtig dargestellt. an der spitze der obersten spitze steht manchmal nur ein mensch. sein freudiges sehen ist der inneren unermesslichen trauer gleich. und die, die ihm am nächsten stehen, verstehen ihn nicht', schreibt kandinsky auf seite 29 in seinem werk unter dem titel 'II. Die Bewegung'. am spannendsten finde ich den abschnitt VI. über formen- und farbensprache: 'die form allein kann selbständig existieren. die farbe nicht', lese ich auf seite 66 unten. 'wenn man das rot hört, so hat dieses rot in unserer vorstellung keine grenze. das rot erweckt eine gewisse präzise und unpräzise innere vorstellung, die einen klang hat.'

kandinsky schreibt weiter über einen gelb gefüllten kreis, der ausstrahle, eine bewegung aus dem zentrum erfahre und sich dem menschen nähere und exzentrisch sei. im gegensatz dazu entferne sich ein blau eingefärbter kreis vom menschen, da er konzentrisch sei. auch rot und grün gefärbte kreise würden ein gegensatzpaar bilden, wie auch orange und violett eingefärbte kreise. die drei gegensatzpaare – gelb und blau, grün und rot, violett und orange – stünden als kreisring zwischen den polen weiß und schwarz, geburt und tod.

ich male mir die farbenlehre mit dem kreis der gegensatzpaare und den polen gemäß der Tabelle III auf seite 105 in mein notizbuch. jetzt kommt farbsemantik in mein aktuelles notizbuch. meine notizbücher sind vollgestopft mit bunten zahlen und eingefärbten zahlenreihen. nun beginnen sie, mit kandinsky zu fabulieren. sie geben weitere geheimnisse vollständiger wie unvollständiger zahlenreihen preis: primzahlenderivate erzeugen farbklänge wie mersenne-primzahlen, fermat-primzahlen oder fibonacci-primzahlen. für mich sind es primzahlensymphonien.

apropos fibonacci: ich habe den italienischen mathematiker leonardo da pisa – figlio di bonacci oder fibonacci – schon in meiner jugend kennengelernt und in meiner fantasie mit ihm gefachsimpelt. von ihm erfuhr ich, dass er auf reisen im mittelmeerraum und darüber hinaus verschiedene zahlensysteme entdeckte. er fand die indo-arabischen zahlen einfacher und flexibler zum rechnen als die römischen. die dezimalzahlen seien top zum handel, geldwechsel, für messreihen oder zinsberechnungen. er habe deshalb im jahr 1202 sein werk 'liber abaci' veröffentlicht. in diesem buch habe er auf die bedeutung des dezimalsystems hingewiesen, mit dem wunsch, das römische reich samt den römischen zahlen auf der griechischen insel lesvos im feuer aufgehen zu lassen. was dann überlebte, seien die lyrischen kanons von sappho.

ich liebe ihre hymnen zu den griechischen göttinnen und ihre sinnlichen lieder zur liebe:

```
die mondin ist hingesunken
mit ihr die pleiaden
mitten in der nacht
es vergehen die stunden
doch ich muss alleine schlafen
```

der ϕ-wert von sappho ist 10. sappho ist für mich die zehnte muse. schutzgöttin der erotischen lyrik.

$$\begin{matrix} 0 & 1 \\ 1 & 0 \end{matrix}$$

der neue xiaomi roborock s7 maxV (durchmesser: 31 cm, höhe: 9 cm, gewicht: 3 kg, farbe wählbar) beeindruckt mit seiner starken saugkraft und verfügt über eine neuartige wischfunktion. er ist ideal für hartböden und teppiche. während der reinigung passt der xiaomi roborock s7 maxV seine saugkraft automatisch dem verschmutzungsgrad der unterlage an (anmerkung: mit fuzzy control). unebenheiten wie aufgelegte teppiche werden überwunden. größere hindernisse erkennt er, schätzt sie ein und navigiert um sie herum. er kann nicht nur saugen und wischen, sondern verfügt über eine vielzahl praktischer app-funktionen: einsatzzeiten, füllstand, energieverbrauch, anzeige der klimakompensation (die CO_2-emission beträgt 31 kg, darin enthalten sind material, produktion und transport ins lager, der endtransport wird bei einer bestellung berechnet und dem kompensationsbeitrag hinzugefügt), real time map seiner laufrunden, diverse statistiken und zeitvergleiche. der xiaomi roborock s7 maxV lässt sich bequem über das smartphone steuern und ist smarthome-kompatibel.

dass der xiaomi roborock s7 maxV auch eine plappertante ist, wird im prospekt verschwiegen. der intelligente staubsauger und clevere wischer plappert nicht nur zu xiaomi.com, sondern auch zu amazon.com und zum rechnerarsenal von mutus.

als mutus sein erstes gespräch mit attila führte – attila sprach, mutus gestikulierte oder tippte in seinen laptop – entdeckte er den xiaomi roborock im büro von attila. damals wusste er noch nicht, dass attila eine betaversion des neusten modells s7 maxV im einsatz hatte. aber mutus entdeckte den xiaomi roborock unter einem designermöbelstück, in einsatzbereiter stellung. manchmal hat mutus die augen zu 360 grad offen. seine fischaugen-objektive sehen alles. auf wunsch zoomen sie. mutus kann sie winkeltreu oder flächentreu einstellen. bei bedarf gar orthografisch.

das vertrauen von mutus ist begrenzt. zu viele rückschläge musste er seit seiner kindheit hinnehmen. ein borderliner bewegt sich auf einer schmalen line. niemand kann ihm – weder von links noch von rechts, weder von oben noch von unten – hilfe leisten. hilfe anbieten liegt drin, doch mutus verzichtet darauf.

als mutus seine hackerkarriere aufbaute, wurde seine borderline zu einem borderthread. a thread of execution is the smallest sequence of programmed instructions. mutus beherrscht das multiple threading. er kann eindrücke parallel verarbeiten. er kann ressourcen unterschiedlicher threads memorisieren. sein gehirn ist mehr als ein multi-processor-rechner. es kann klangsymphonien, farbsymphonien oder zahlensymphonien verarbeiten.

mutus verschafft sich zugriff zum xiaomi roborock s7 maxV von attila, da dieser mit dem internet verbunden ist. in einem zweiten schritt knackt er lasersensoren des staubsaugerroboters. nun kann er diesen manipulieren. normalerweise messen die robotersensoren abstände unterschiedlicher objekte im raum. doch mutus richtet einige der sensoren gezielt auf gegenstände am boden: auf den abfallkorb mit plastikbeutel oder auf attilas lederrucksack.

wenn führungskräfte oder mitarbeitende von webscan, wenn betuchte firmenbosse der crème de la crème de la suisse oder de l'europe mit attila in seinem büro verhandeln, entstehen schallwellen. diese wellen übertragen sich in kleinen schwingungen auf plastikbeutel oder rucksäcke. die sensoren von xiaomi roborock s7 maxV können diese kleinen schwingungen messen.

mutus saugt die akustischen wellen aus attilas office seit seinem ersten besuch per data streams ab. er speichert sie in seinem megaspeichersystem. dann transformiert er die datenströme in akustische signale zurück. zudem lässt mutus mit parallelen linguistischen analyse-algorithmen ununterbrochen die klangbilder auswerten. neuronale netze filtern unerwartete gesprächsmuster heraus. mutus konsultiert die geklauten gesprächsfragmente von zeit zu zeit nach dem motto: c'est le ton qui fait la musique.

1 0
0 1

mein großvater hat mir vor jahren von charles messier aus lothringen erzählt. dieser war astronom bei der französischen marine und arbeitete später im bureau des longitudes. er war ein forscher für kometen und entdeckte oder wiederentdeckte zwanzig kometen. da er immer auf der suche nach kometen war, sei charles messier auf gebilde gestoßen, die den kometen ähnlich waren. deren position sich am himmel jedoch kaum änderte. diese nebligen gebilde hätten keine eigenbewegung und deuteten auf objekte weit außerhalb unseres sonnensystems hin, erklärte mir großvater.

charles messier habe begonnen, all die nebelgebilde in einem katalog zu erfassen, mit position und sichtbaren eigenschaften. da ich in der schule mühe mit dem französischen hatte, schenkte großvater mir die mémoires de l'academie 1771 von charles messier. dies war der erste teil seines katalogs, der die nebelgebilde M1 bis M45 umfasst.

M45 oder messier 45 bezeichnet einen sternenhaufen, der mit bloßem auge auf unserer milchstraße gesehen werden kann. M45 trägt verschiedene namen wie atlantiaden, plejaden, siebengestirn oder sieben schwestern. in historischen darstellungen werden manchmal nur sechs sterne zu den plejaden gerechnet. der stern pleione liegt etwas oberhalb des sterns atlas und ist ein veränderlicher stern. seine helligkeit schwankt und ist je nach sichtbedinungen nicht immer erkennbar.

anatina ist pleione. sie gehört zur siebengottheit der götter. sie ist die mutter der plejaden. sie rotiert so schnell, dass ihre gestalt wie ein diskus erscheint. gemäß der raumsonde gaia liegt pleione 421 plus minus 11 lichtjahre von der erde entfernt.

nun läutet es bei mir und anatina steht vor der tür.

1 0
0 1

mein ganzer körper schwingt im glücksgefühl. meine glieder fibrieren. mein atem hyperventiliert: zu viel sauerstoff rein, zu viel kohlendioxid raus. säuregehalt des bluts stürzt ab. kribbeln in den fingerspitzen. kribbeln in den füssen. kribbeln im mund. zudem herzrasen, muskelkrämpfe und das gesamte programm.

mein gehirn schnappt nach sauerstoff. ich selber glaube, dass ich ersticke. pleione, der unsichtbare stern steht vor mir. pleione rotiert so schnell wie ein diskus. kein kuss zur begrüssung. nur atemnot.

ich torkle zurück in die wohnung. hole eine plastiktüte. blase sie auf und atme den inhalt der plastiktüte wieder ein. aufblasen, einatmen. aufblasen, einatmen. aufblasen, einatmen. atmen mit der tüte. atmen ohne tüte. dann wieder mit der tüte. dann wieder ohne. bis sich die atmung normalisiert.

anatina möchte mir helfen, aber ich höre nichts. ich sehe nichts. ich fühle nichts.

dyspnoe oder kurzatmigkeit ist mir bekannt. für mich ist es seit je eine belastende atemnot. auslöser sind subjektive empfindungen. wenn M45 am himmel erscheint. wenn pleione über dem atlas aufleuchtet, wenn die siebte schwester im gestirn sich mir zuwendet, bringen mich diese empfindungen ins rotieren. in eine umlaufbahn ins all. ich bin glücklich. glücklich nah am ersticken.

anatina legt mich sanft auf den boden. sie öffnet alle fenster. sie spricht mit mir ganz ruhig. was sie spricht, verstehe ich nicht. aber ihre stimme beruhigt mich. die klänge erinnern mich an portugal, an die bretagne, an die cinque terre, an s-chanf.

die buchstabenkombination sch holt mich langsam zurück in mein leben. die laute sch-tj oder sch-tsch beruhigen mich. anatina sagt chesa anstelle chasa oder dumander anstelle dumandar. dumandeeer. nicht dumander. cheeesa und nicht chesa.

anatina sitzt neben mir am boden. ihre dunkelbraunen augen leuchten. wie atlantiaden oder plejaden. anatina beginnt zu singen. kinderlieder aus dem oberengadin. romantsch. nein putèr. t--sch. t---sch. t-----sch. t-------sch. t----------schhhhhhh.

52

gestern abend hat mich anatina mit capuns verwöhnt. capuns tatta albin. ich konnte ihr zuschauen, wie sie die bündner spezialität zubereitete. rote und gelbe krautstiele stehen im zentrum der zutaten. neben landjäger, salsiz und rohschinken. anatina gab mehl in eine schüssel. dazu eier, milch, salz und pfeffer. danach gehackte landjäger, salsiz und rohschinken. und nicht zu vergessen: etwas zerkleinerte krauseminze. diese gespickte teigmasse wickelte anatina in die farbigen krautstiele ein und legte sie in die leise kochende milch-bouillon-brühe. serviert wird die köstliche suppe mit den gefüllten krautstielen, mit frisch gehacktem peterli, gerösteten speckwürfeln, geriebenem alpkäse. dazu schwarzbrot und roter veltliner.

in surselva seien die russen 1799 mit einem heer von einundzwanzigtausend soldaten durchgezogen und hätten das land verwüstet, erzählte mir anatina beim kochen. das heer unter feldherr alexander wassiljewitsch suworow-rymnikski habe im koalitionskrieg einen coup über die schweizer alpen geplant. die russen wollten sich in der nähe meiner heimatstadt zürich mit den truppen von alexander rimski-korsakow und einer österreichischen armee treffen und die franzosen in die zange nehmen. in surselva hätten die russen vieh geschlachtet, vorratskammern ausgeräumt, äcker geplündert. der legende nach habe eine frau in ihrer kammer einige verlorene räucherwürste und bündnerfleisch gefunden, alles gehackt und mit mehl, eiern und krauseminze zu einem brei vermischt. zudem fand die frau im hinterhof eingefrorene krautstiele, die man normalerweise den schweinen vorgeworfen habe. doch sie habe den brei in die mangoldblätter eingewickelt und mit schmalz in der bratpfanne gedünstet. so sei capuns entstanden.

heute bin ich gefordert. anatina wünscht sich, dass ich sie über mein hobby der primzahlen aufkläre. nach dem frühstück fragt sie: 'gibt es viele primzahlen?' ich forme mit meinen zeigefingern und daumen zwei nullen, bringe sie zusammen und gucke durch die liegende acht grinsend zu anatina. 'bist du nun eine eule?', lacht anatina. ich tippe, dass die gefallene acht das unendliche symbolisiere. und dass es unendlich viele primzahlen im universum gebe. und dass euklid von alexandria das in seinem werk 'elemente', buch neun, proposition zwanzig, bereits im dritten jahrhundert vor christus bewiesen habe. ich tippe: der satz von euklid lautet, es gibt mehr primzahlen als jede vorgelegte anzahl von primzahlen. und dann dopple ich nach: es gibt nur eine einzige gerade primzahl, alle endlos vielen primzahlen außer der zwei sind ungerade.

die zwei sei wichtig, schreibe ich weiter. man könne mit ihr primzahlzwillinge bilden: (3, 5), (5, 7), (11, 13), (17, 19) oder (29, 31). ein paar aus zwei primzahlen p und q heiße zwillingspaar, falls q minus p der primzahl zwei entspreche, anders ausgedrückt: $q - p = 2$.

dann tipp ich ein kurzes zitat von yoko ogawa aus ihrem roman 'das geheimnis der eulerschen formel' in meinen laptop: zwillingsprimzahlen seien zwar klar definiert, aber zugleich klängen sie poetisch, wie aus einer gedichtzeile entsprungen. in meiner vorstellung waren die primzahlenzwillinge immer lebendig, da sie sich umarmten, dieselben kleider trugen oder hand in hand nebeneinander standen.

anatina insistiert, ich solle ihr einige primzahlen berechnen, wenn man das könne. ich poste, dass sie selbst die ersten primzahlen programmieren soll, ich würde ihr dabei helfen. der trick sei die anwendung des siebs von eratosthenes von kyrene. dieser gelehrte habe für die generierung von primzahlen bereits in der antike einen algorithmus entworfen. eratosthenes habe zudem das 'sternbuch' veröffentlicht, eine schrift über die vermessung der welt, sowie eine untersuchung zur kalenderrechnung mit schaltjahren verfasst.

'ich bin eine niete in mathe', sagt anatina. 'programmieren ist nichts für mich. meine noten in mathe und physik waren unter null.' ich unterbreche anatina und tippe: 'deine hotelrechnungen sind mathe pur. dein zusammenzählen von zahlen entspricht einem algorithmus. du rechnest, also bist du.'

1 0
0 1

der computer spuckt die elf ersten primzahlen aus:

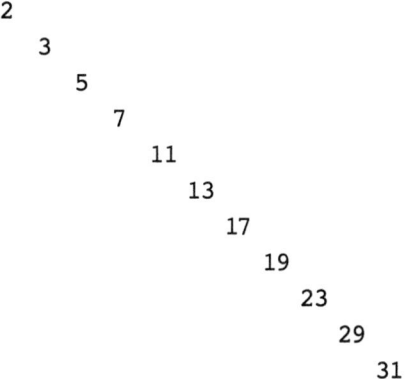

2

3

5

7

11

13

17

19

23

29

31

anatina strahlt über ihr computerprogramm, programmiert unter anleitung von eratosthenes und mir. das sieb filtert von den zahlen 2 bis 31 alle primzahlen raus. der algorithmus funktioniert ganz einfach. zuerst muss anatina einen bereich mit 30 fächern initialisieren. ich beschreibe das konstrukt als array. array of boolean. in computer science, an array is a data structure consisting of a collection of elements. each element is identified by at least one array index or key. an array is stored that the position of each element can be computed from its index tuple by a mathematical formula. in an array of boolean, all elements are either 1 or 0.

james boole, ein englischer logiker und philosoph. gründer der booleschen algebra. grundlage der computertechnik. in seiner schrift 'the mathematical analysis of logic' hat boole 1847 die aussagenlogik mit 1 für true und 0 für false definiert, samt den entsprechenden logischen operatoren AND, OR und NOT.

anatina setzt zur initialisierung alle zahlen von 2 bis 31 auf unmarkiert (false), d. h. sie sind zu beginn noch nicht als primzahlen verifiziert. nun läuft der schlaufenalgorithmus mit repeat do end. die kleinste unmarkierte zahl ist immer eine primzahl. resultat:

2

2 wird als primzahl ausgegeben. danach werden alle vielfachen von 2 in der zahlenreihe gestrichen. denn: alle geraden zahlen außer 2 sind ja keine primzahlen.
die kleinste unmarkierte zahl ist immer eine primzahl. resultat:

2
 3

hier wird also 3 als zusätzliche primzahl ausgedruckt und alle vielfachen von 3 markiert: 6, 9, 12, 15, 18, 21, 24, 27 und 30. nun wird die nächstgrößere zahl von 3 gesucht, die unmarkiert ist. es ist die fünf:

2
 3
  5

da die vier als vielfaches von 2 markiert wurde. nun werden zudem alle vielfachen von 5 markiert, d. h. 10, 15, 20, 25 und 30. schließlich wird die nächstgrößere zahl von 5 gesucht, die unmarkiert ist. es ist die sieben:

2
 3
  5
   7

'wow, das ist ja ein repetitiver trick', meint anatina. die sechs kann nicht gedruckt werden, da sie als vielfaches von 2 und von 3 schon markiert wurde. und als nächste primzahl müsste die 11 auftauchen:

2

3

5

7

11

anatina sagt, wie glücklich sie sich fühle, dass ich ein geduldiger instruktor sei und ihr das programmieren beibringe. 'programmiersprachen kennen keine mehrdeutigkeiten', tippe ich in meinen laptop. natürliche sprachen würden verwirren, seien oft beleidigend, rassistisch, verletzend, zerstörerisch.

anatina lässt sich von ihrer guten laune nicht abbringen und drückt 'print':

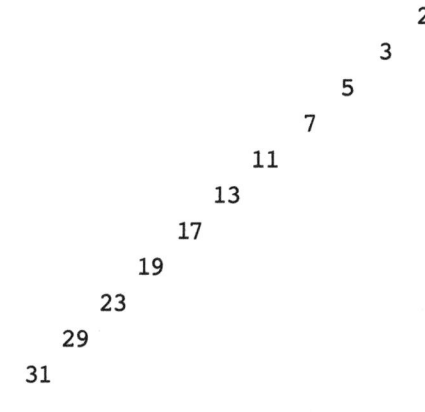

1 0
0 1

ich befinde mich auf wolke sieben. ein verlängertes wochenende mit anatina mitten im niederdorf. mit köstlichkeiten aus dem bündnerland. mit gesprächen. mit primzahlen–eskapaden.

doch der alltag kehrt nach anatinas abreise schnell zurück. ich fühle mich unter druck, weil attila auf den unterzeichneten anstellungsvertrag wartet. da seit tagen kein zeichen von mir kommt, lädt mich attila als künftigen kryptospezialist zu webscan ein. die verzögerungstaktik von mir hält nicht lange an. deshalb schlage ich ein gespräch in der öpfelchammer am rindermarkt 12 im herzen zürichs vor. im niederdorf fühle ich mich sicherer als auf dem hürlimann areal. zudem habe ich einige fragen betreffend des luxemburgerli-spionage-falls.

die nonnen des sankt verena klosters brachten vor siebenhundert jahren ihre äpfel zum dörren in das gebäude am rindermarkt. danach verwandelte sich das dörrhaus in ein patrizierhaus für ehrwürdige ratsgeschlechter. im siebzehnten jahrhundert wurde in der öpfelchammer eine bäckerei eingerichtet. hans kaspar denzler erwarb 1801 das pintenrecht und konnte danach wein ausschenken. so wurde die öpfelchammer zur hochburg der liberalen in zürich.

ganz in der nähe der öpfelchammer, am neumarkt 27, steht das haus 'zum goldenen winkel'. hier kam gottfried keller am 19. juli 1819 auf die welt. seine jugendjahre von 1821 bis 1848, mit ausnahme seiner zwei studienjahre als landschaftsmaler an der königlichen akademie der künste in münchen und als redaktor der kneipzeitung, verbrachte er im haus 'zur sichel' am rindermarkt 9. er wollte auf einen katzensprung näher bei der öpfelchammer wohnen, um an den diskussionen und weingelagen leichter teilnehmen zu können.

'weshalb unterzeichnest du den attraktiven anstellungsvertrag mit webscan nicht?', fragt mich attila. ich tippe: 'zu wenig attraktiv.' attila sagt mir, dass er für mich die besten konditionen im hr herausgeholt habe und nicht weiter pokern könne. mit hr meint er human resources. bei webscan wird alles abgekürzt. bei webscan wird alles auf englisch deklariert. american english.

ich schenk mir klevner ein. das wort klevner kommt in deutschsprachigen texten selten vor. in zürich heißt der klevner klevner. in ammel heißt der klevner blauburgunder, wenn er blau ist, und weißburgunder, wenn er weiß ist. in deutschen landen heißt der klevner frühburgunder oder spätburgunder. auf den golanhöhen heißt der klevner roter oder gelber traminer. in frankreich nennen sie den klevner pinot noir ou pinot blanc. dieser wein wurde bei der krönung von königin elisabeth II. ausgeschenkt, obwohl die engländer keine weintrinker sind und lieber guinness konsumieren.

'hallo mutus', weckt mich attila. 'hast du mir zugehört: mehr ist nicht drin.' langsam kehre ich in die öpfelchammer zurück. dann sammle ich meine gedanken. jetzt tipp ich: 'zehn prozent vom luxemburgerli-china-deal als monatslohn.' jetzt flippt attila aus und packt mich am kragen. er schreit in mein ohr, dass dieser deal eine erfindung von mir sei und und und. und dann doppelt er nach: 'die zeit läuft, deinen vertrag musst du noch diese woche unterzeichnen, sonst verfällt er.'

ich zeige auf den göpfi in der weinstube. dann tippe ich eine strophe seines gedichts auf meinen laptop:

```
die zeit geht nicht sie stehet still
wir ziehen durch sie hin
sie ist die karawanserei
wir sind die pilger drin
```

attila versteht die getippten zeilen nicht. er droht mir nochmals mit dem verfall des vertrags.

dann lässt er mich zurück. in meiner karawanserei. ich bleib mit meinem klevner. stumm. allein.

0 1
1 0

mutus zeichnet einen offenen sternenhaufen in sein notizbuch. pleione, der veränderliche stern, wird mit zwei kreisen symbolisiert. der linke kreis, weiß, steht für die geburt. der rechte kreis, schwarz, für den tod. dazwischen spannen dreimal zwei kreise ein sextett auf. die sechs hauptsterne der plejaden, teil unserer galaxie. der mittlere abstand zwischen sonne und erde, der unter dem winkel einer bogensekunde erscheint, ist ein längenmaß. abgekürzt pc oder parsec. parallax second. astronomische maßeinheit. die plejaden liegen 136 parsec von uns entfernt. oder 444 lichtjahre. wenn man das siebengestirn der plejaden beobachten will, sucht man zuerst das sternbild stier. allerdings ist es manchmal hinter dem mond versteckt.

links also der weiße kreis, rechts der schwarze und dazwischen das sechsgestirn. mutus färbt den obersten kreis des sechsgestirns gelb ein. den untersten blau. kandinskys erstes gegensatzpaar. zwischen dem zweiten gegensatzpaar, dem weißen und dem schwarzen kreis, liegen zwei weitere gegensatzpaare: das dritte gegensatzpaar von kandinsky – ein grüner kreis, rechts unterhalb des gelben kreises und vis à vis des roten kreises, links oberhalb des blauen kreises – schwingt zwischen stillstand und bewegung. schließlich schwebt das vierte gegensatzpaar von orangem kreis und violettem kreis zwischen aktivität und passivität. der orange kreis leuchtet leicht links unter dem gelben kreis, der violette kreis leicht rechts über dem blauen.

das wachstumsmuster der natur anhand der zahlen 1, 1, 2, 3, 5, 8, 13, 21, 34, 55, 89, 144, 233, 377, 610, 987, 1597, 2584, 4181, 6765, 10946, 17711, 28657, 46368, 75025, 121393, 196418, 317811, 514229, 832040 und 1346269 setzt sich ins unendliche fort. es ist einfach aufgebaut, denn es gilt die formel: $f_n = f_{n-2} + f_{n-1}$ mit $f_1 = f_2 = 1$. also:

$$f_1 = 1$$
$$f_2 = 1$$
$$f_3 = 1 + 1 = 2$$
$$f_4 = 1 + 2 = 3$$
$$f_5 = 2 + 3 = 5$$
$$f_6 = 3 + 5 = 8$$
$$f_7 = 5 + 8 = 13$$

und so weiter.

der italienische mathematiker leonardo da pisa als sohn oder filius bonacci, später bekannt unter dem namen fibonacci, bevorzugte die indo-arabischen zahlen 1, 2, 3, 4, 5, 6, 7, 8, 9, 10 gegenüber den römischen I, II, III, IV, V, VI, VII, VIII, IX, X für seine zahlenreihen-gedichte. er beschrieb viele rechnungsaufgaben für den alltag, nutzte die dezimalzahlen auch für naturbeobachtungen. seine wiederentdeckte fibonacci-zahlenreihe griffen später philosophinnen, sterngucker, zahlenakrobatinnen und magier auf. johannes kepler, mathematiker, astronom und naturphilosoph, zeigte die verwandtschaft der fibonacci-zahlenreihe zum goldenen schnitt. aber auch die blätter oder fruchtstände vieler pflanzen, die sich spiralförmig anordnen, können mit der fibonacci-zahlenreihe nachgebildet werden.

mutus' elfzeiliges fibonacci-primzahlenreihen-gedicht lautet 2, 3, 5, 13, 89, 233, 1597, 28657, 514229, 433494437, 2971215073. mutus merkt sich diese reihe ganz einfach durch die indices n der fibonacci-zahlenreihe f_n: n = 3, 5, 7, 11, 13, 17 (vorsicht: f_{19} ist keine primzahl, denn 4181 = 37 x 113), 23, 29 (vorsicht: f_{31} ist keine primzahl, denn 1346269 = 557 x 2417) (vorsicht: f_{37} ist keine primzahl, denn 24157817 = 73 x 149 x 2221) (vorsicht: f_{41} ist keine primzahl, denn 165580141 = 2789 x 59369), 43, 47 (vorsicht: f_{53} ist keine primzahl, denn 53316291173 = 953 x 55945741) (vorsicht: f_{59} ist keine primzahl, denn 956722026041 = 353 x 2710260697) (vorsicht: f_{61} ist keine primzahl, denn 2504730781961 = 4513 x 555003497) (vorsicht: f_{67} ist keine primzahl, denn 44945570212853 = 269 x 116849 x 1429913) (vorsicht: f_{71} ist keine primzahl, denn 308061521170129 = 6673 x 46165371073) (vorsicht: f_{73} ist keine primzahl, denn 806515533049393 = 9375829 x 86020717) (vorsicht: f_{79} ist keine primzahl, denn 14472334024676221 = 157 x 92180471494753), 83.

mutus weiß dank euklid, dass es unendlich viele primzahlen gibt. nur gegenüber den fibonacci-primzahlen ist er immer hin- und hergerissen: gibt es endlich viele oder gibt es unendlich viele fibonacci-primzahlen?

huldrych zwingli begann 1529 (11 x 139) während der pesteepidemie gedichte zu schreiben. zwölfzeiler. für ihn war f_7–f_1

heilig gewesen, bevor er bilder aus dem großmünster verbannte und verbrannte. mutus zwölfminuseinszeiler an huldrych lautet: WEKNOW | THAT |WEKNOW | MUCH | ALTHOUGH | WEKNOW | MUCH | MORE | NOTYET | THAT | WEK-NOW. mutus ist ein zauberlehrling. er nimmt die farbenlehre von kandinsky – die vier gegensatzpaare der plejaden – und kombiniert sie mit der fibonacci-zahlenreihe. mit dem goldenen schnitt. mit der goldenen spirale. mit der natur.

0 1
1 0

mutus bastelt an einer postkarte für seinen großvater. auf der vorderseite ist ein abdruck seiner lithografie 'fibonaccy meets kandinsky'. die litho ist ein siebenzeiler. alle zeilen sind begrenzte schlauchteile. sie symbolisieren das zweite gegensatzpaar von kandinsky zwischen schwarz und weiß. sie enthalten zudem farbige kugeln entlang der ersten sieben fibonacci-zahlen f_1 bis f_7.

die litho enthält zwei grüne kugeln, denn grün steht für die eins respektive für $f_1 = f_2 = 1$. zwei orange kugeln, denn orange steht für die zwei oder $f_3 = 2$. drei gelbe kugeln, denn gelb steht für die drei. die fünf ist mit fünf roten kugeln dargestellt. dann die acht mit acht blauen. schließlich die dreizehn mit dreizehn violetten kugeln.

im elfzeilergedicht 'fibonacci meets kandinsky' sind die farbigen kugeln auf dem durch das zweite gegensatzpaar von kandinsky – weiß und schwarz – geformten schlauchseptett beliebig verteilt. mit einem zufallsgenerator, den mutus selber programmiert hat.

noch etwas: die litho ist das älteste flachdruckverfahren. in stein geschrieben. ergibt steinzeichnungen, steingedichte.

zuerst: der stein wird vorbereitet. mit grobem schleifsand wird das alte bild auf dem druckstein abgeschliffen. die ränder werden mit einer bürste gesäubert. die oberfläche wird mit einem bimsstein glattpoliert. mit einem geeigneten schleifkorn soll die körnung auf den stein gebracht werden, mithilfe eines läufers und winzigen kreisbewegungen. die kanten des steins werden mit einer feile leicht abgerundet. nun wird geprüft, ob der stein plan abgeschliffen ist. zum schluss wird der stein alaunisiert, um seine poren zu säubern, damit fette und wasser gut aufgenommen werden.

mutus arbeitet bei der grafischen anstalt wolfensberger an der eglistrasse in zürich an seiner litho. hundertzwanzig zentimeter mal achtzig zentimeter. zusammen mit thomi wird nun der stein mit kreide bearbeitet. ein solnhofer plattenkalk, molekulardicht. vorsicht. der stein darf mit den händen nicht berührt werden. fingerabdrücke würden fettspuren hinterlassen. farbaufnehmende fettspuren. für die grau abgestuften schläuche der litho wählen mutus und thomi harte kreiden für die helleren partien, weiche für die dunkleren. mit estompe – einem wischer – werden stellen der kreidemalungen verändert, um weiche übergänge zu erzeugen.

beim ätzen sollen die grauen schläuche und die farbkugeln fettfreundlich gestimmt werden, um ihre wirkung beim druck zu verstärken. gleichzeitig belässt das ätzen die nicht zu druckenden teile des steins fettabstoßend und wasseraufnehmend.

sieben druckvorgänge sind notwendig: ein erster druck für die sieben schlauchteile in graustufen. daraufhin folgen sechs farbdrucke von hell nach dunkel: gelb, orange, rot, grün, blau und violett. dank passmarken werden die 31 blätter exakt übereinander gedruckt.

nach dem trocknen unterzeichnet mutus die einunddreißig kunstwerke und nummeriert sie durch: 1/31, 2/31, 3/31, 4/31, 5/31, 6/31, 7/31, 8/31, 9/31, 10/31, 11/31, 12/31, 13/31, 14/31, 15/31, 16/31, 17/31, 18/31, 19/31, 20/31, 21/31, 22/31, 23/31, 24/31, 25/31, 26/31, 27/31, 28/31, 29/31, 30/31 und 31/31.

mutus packt drei lithografien ein: 1/31 für großvater, 31/31 für anatina und 13/31 für sich. denn 1331 ist elf mal elf mal elf. oder elf hoch drei. die übrigen lithos überlässt mutus dem wolfensberger verlag.

mutus fotografiert die litho 1/31 für die vorderseite seiner
postkarte an großvater. auf der rückseite printet er seinen neus-
ten elfzeiler mit dem titel 'fibonacci meets kandinsky'. das ge-
dicht lautet:

```
          thrrree yellows oh oh oooh
                 oooh one one
          green tea not thirteeeeeeeeeeeen
          not orange not orange peko
              tea for two two twoo
        two to the power of three in blue
              blue blue bluuuuuuuue
           blue vio violet let let let
                  red red red
             gimme fiiiiive in red
                 high high five
```

0 1
1 0

steve taucht mitten in der nacht bei mutus in der predigergasse
auf. bestückt mit seinem computerarsenal. er ist außer atem und
überträgt seine nervosität direkt auf mutus.

die beiden hacker verkoppeln ihre maschinen. sie verfügen
über drei big-data-bestände. erstens: filterresultate der ablauf-
ketten aus dem national supercomputing center in lugano, den
sprüngli-spionagefall betreffend. zweitens: linguistischer analy-
sebestand der gespräche der letzten wochen aus dem büro von
attila dank den aufzeichnungen des von mutus manipulierten
saugroboters xiaomi roborock s7 max V. drittens: blockchain-
auswertungen der geknackten bitcoin-zahlungsströme zwischen
dem headquarter in peking und webscan zürich.

die drei datenbestände werden mit parallelen algorithmen ausgewertet, betreffend location, hacking task, company involved, payment und vip (very important person).

steve konzentriert sich auf die russische hackergruppe APT29, da diese bei den hacking tasks immer wieder prominent auftaucht. laut washington post arbeite APT29 eng mit dem geheimdienst sluschba wneschnei raswedki oder SWR des verwaltungsbezirks nowomoskowski in moskau zusammen. SWR verfüge über 13.000 geheimdienstlerinnen. hauptamtliche SWRler würden sich außerhalb russlands als diplomaten oder journalistinnen tarnen. die hauptabteilung S versehe die agentinnen mit falschen namen und biografien. erster leiter des SWR sei jewgeni primakow gewesen, dann folgten wjatscheslaw trubnikow, sergei lebedew, michail fradkow und aktuell sergei naryschkin. spionageziele sind regierungsstellen, telekommunikationsfirmen, rohstoffunternehmen, handelsfirmen, finanzministerien, die luxusgüterbranche inklusive chocolatiers. zusatzziele sind die liquidierung von überläufern und das vergiften von public enemies.

mutus analysiert die drei datenbestände mit seinen algorithmen der fuzzy logic. ein objekt – sei es eine person oder eine task oder eine firma – kann gleichzeitig zu mehreren clustern gehören. die algorithmen verzichten auf die klassischen schwarzweiß-auswertungen und verwenden abgestufte grautöne für die resultate nach dem motto: everything is true to a certain degree.

obwohl der fokus zwischen pekinger zirkel und webscan liegt, verfolgen steve und mutus persönlichkeitsprofile und aufgabenspektren außerhalb der silk road. irritierenderweise versucht SWR immer wieder, die analysearbeiten der beiden hacker steve und mutus auszuloten. und noch schlimmer: es scheint ein wettkampf zwischen webscan und SWR für deep-learning-algorithmen zu geben, die auf fuzzy logic basieren.

dann der urknall: steve findet in den gesprächsaufzeichnungen von attila und seinen chinesischen auftraggebern einen hinweis auf den fbdla-31-algorithmus von mutus. fuzzy based deep learning algorithm thirty one. steve drückt es so aus: SWR sowie china connection wollen mit webscan den algorithmus fbdla 31 von mutus beschaffen. mit allen mitteln. und dann doppelt steve nach: mutus, du bist in lebensgefahr!

1 0
0 1

steve verlässt mich weit nach mitternacht. gepackt mit einigen backups von mir. dann fülle ich meine satteltaschen mit dem nötigsten. die litho 'fibonacci meets kandinsky' rolle ich ein, steck sie in eine kartonröhre und befestige sie ebenfalls auf meinem silkroad. dann gehts los durch die schlafende stadt in richtung jura. ich fahr die limmat entlang via dietikon, baden, danach links weg zur reuss bis windisch brugg und der aare entlang bis aarau. saalhöhe. kienberg. ammel.

die strecke kenn ich in- und auswendig. knappe achtzig kilometer. angst und wut treiben mich an. die offerte von webscan: lug und trug. nicht ich bin für webscan von interesse, sondern mein algorithmus fbdla 31. zwar ist es eine alte version, genauer gesagt die erste nach dem betatest. erfolgreich unter realem einsatz geprüft von anas, tina und steve. ein geheimhaltungsvertrag war nicht notwendig. denn anas, tina und steve sind meine hackerkumpels.

mein aktueller knüller ist fbdla 3331. fbdla version 3. nachfolger von fbdla 331 und fbdla 31. die software ist top. ein linguistisches analysewerkzeug. es kann die individuellen schreib- oder sprechstile einzelner personen treffsicher zuordnen. treffsicher heißt, to a certain degree. aufgrund dieses analyzers gelingt es zum beispiel, die kunden- oder regierungsvertreter von attila real lebenden personen zuzuordnen. man braucht nur sprach- oder schreibbeispiele dieser zu identifizierenden leute einzugeben und schon erfolgt die zuordnung. jedenfalls ist es steve und mir gelungen, eine kundenliste von webscan zu erstellen. mit spionage-tasks. mit ausstehenden entschädigungen bei erfolg.

nach mehreren stunden fahrt stehe ich vor dem bauernhaus meines großvaters. lege eine pause ein und muss verschnaufen. mein großvater kommt mit sorgenfalten auf mich zu. wir umarmen uns lange. mir kullern die tränen runter. ich zittere am ganzen leib.

großvater schiebt mein silkroad ins tenn, löst die satteltaschen und trägt sie ins wohnhaus. ich bring ihm meine litho und ein strahlen geht über sein gesicht, als er sie ausrollt. mit meiner fingersprache deute ich ihm, dass dies mein geschenk für 'über das geistige in der kunst' von wassily kandinsky sei. 'ich weiß, mutus', sagt großvater, 'und ich bin stolz auf dich. die litho kriegt einen ehrenplatz, damit ich sie vom tisch aus immer im blickfeld habe.'

bei grüntee, diesmal kabuse-cha halbschatten, bauernbrot, käse, baumnüssen und getrockneten birnen und pflaumen machen wir es uns gemütlich. ich berichte großvater unser schockerlebnis von vergangener nacht. mein ungutes gefühl seit meinem ersten treffen mit attila. die unseligen gespräche mit lisa. das vertragswerk für meine anstellung. die extrahierten kundengespräche aus attilas büro. die offerierten geldbeträge für analysen, sprich spionage. den ganzen lug und trug.

großvater schenkt grüntee nach und sagt: 'mutus, nach dem morgenessen nimmst du ein heißes bad mit ätherischen ölen von kiefer und tanne. das gibt dir kraft. danach diskutieren wir deinen bike-trip.' ich gestikuliere: 'wohin?' großvater lächelt: 'source de la moselle.'

1 0
0 1

hab basel schon hinter mir und ich nehme die badische weinstrasse via efringen. beim isteiner klotz mache ich einen halt. trinke wasser. ess einen apfel. dazu ein stück birnbrot, das mir großvater eingepackt hat.

jetzt steig ich in die auen, die ich vor jahren mit großvater besucht habe. dort suche ich riemenzungen. das sind orchideen von besonderer schönheit. unscheinbar, da sie grün sind wie die umgebung. ihre zunge hingegen ringelt sich ums mehrfache der blütenstände und fällt den insidern sofort auf. wichtig: diese orchideen wachsen nur auf mörtel. auf kalkreichem und steinigem lehmboden. efringer mörtel. wahnsinn: einige riemenzungen wachsen bis zu hundert zentimeter und mehr aus der aue. der blütenstand ist eine wucht. er kann bis zu hundert blüten aufweisen. die blüten riechen stark nach ziegenbock. die äußeren und inneren blütenhüllblätter sind zu einem helm geformt, mit einer grünlich bis bräunlichen farbe. die lippe ist dreiteilig, am rand gewellt und weißlich-grün mit roten punkten.

die riemenzunge oder bocksorchis trägt den botanischen namen himantoglossum hircinum. himantoglossum leitet sich vom griechischen wort himas (riemen) und glossa (zunge) ab. hircinum stammt aus dem lateinischen und hircus bedeutet ziegenbock. anders ausgedrückt: die orchidee ist eine nach bock stinkende riemenzunge. die elsässer nennen sie bocksgeil oder bockshödlein oder geilwurz.

inmitten der riemenzungen mache ich ein nickerchen. ich träume süß und lasse alle sorgen hinter mir. beim aufwachen blinzle ich in den blauen himmel und weiß nicht, wo ich mich befinde. langsam kehrt meine erinnerung zurück. ich befinde mich auf einer aue unter dem isteiner klotz beim grünberg, 327 meter über dem meer. knapp einen kilometer östlich des rheins respektive des grand canal d'alsace.

ich presse eine riemenzunge in mein tagebuch, obwohl orchideen geschützt sind. eine riemenzunge nur, als andenken an die wunder der natur.

nun radle ich auf der badischen weinstrasse weiter in richtung bad bellingen. in neuenburg biege ich rechts ab nach müllheim. in badenweiler besuche ich die römische badruine. sie war mit dreiundneunzig (das heißt drei mal einunddreißig) metern länge und dreiunddreißig (das heißt drei mal elf) metern breite einmalig im römischen reich. auch für mich ist sie einmalig, da sie die primzahlen drei, elf und einunddreißig vereint. zudem ist die römische therme symmetrisch als doppelanlage ausgelegt, der grund dafür waren getrennte bäder für frauen und männer. in meiner begeisterung kaufe ich mir eine nachbildung einer antiken römischen gewandspange aus badenweiler mit der inschrift 'si me amas'.

natürlich gehe ich immer an meine grenzen beim radeln. nach dem abstecher ins römische bad in badenweiler steige ich hoch in den schwarzwald: zur forellenzucht nach dem schweighof mit vierhundertsechsundneunzig metern über dem meer, weiter nach simitz mit neunhundertundsechs metern über dem meer und endlich bin ich am kreuzweg mit eintausendundsiebzig metern über dem meer. daraufhin sause ich runter zur belchenblick schanze und via böllen und schönau bis schönenbuchen. hier stelle ich mein kleines einerzelt auf, koche eine suppe, krieche danach in mein zelt und tauche ins nirwana ab.

1 0
0 1

kurz nach vier uhr morgens werde ich vom vogelgezwitscher geweckt. ich baue mein zelt ab, esse eine banane und trinke wasser, bevor ich mein silkroad auf die haideck schiebe. hier führt der gletscherpfad vorbei, dem ich folge. nach aitern entdecke ich den bergbaupfad, der ist weniger beschwerlich. ich radle entlang des wiedenbachs und durchquere das bergwerk finstergrund.

in der natur blühe ich auf. scheue keine strapazen und überwinde unzählige hügelformationen. folge flussläufen und erhole mich von den bergetappen. da es wärmer geworden ist, schlafe ich direkt unter freiem himmel.

nach freudenstadt und baiersborn trample ich hoch auf den vogelskopf. hier befindet sich das zentrum des nationalparks

schwarzwald. ich nehme die schwarzwaldhochstraße, obwohl
diese mit mehr verkehr und lärm verbunden ist. es folgen see-
kopf. geisskopf. schwarzkopf. katzenkopf. murkopf. riesenkopf.
später lass ich baden-baden hinter mir, fahre via gernsbach
und bad herrenalb, pforzheim, bretten, bruchsal und wiesloch
nach heidelberg. hier gönne ich mir zwei, drei ruhetage in der
herberge backmulde an der schiffgasse 11. mein silkroad kann
ich im innenhof an sicherer stelle unterbringen.

jeden meiner ruhetage nutze ich, um in der frühe, über mittag
oder gar nachts über den kurzen buckel aufs schloss hinaufzutrep-
pen. treppen wird regelmäßig konjugiert: mutus treppt. mutus
treppte. mutus hat getreppt. mindestens dreimal pro tag treppe
ich. 331 stufen. die meisten sind mit weißer farbe auf der seite
nummeriert. es sind stufen aus demselben roten sandstein wie das
schloss. die nummern sind weiß. weiß wie die geburtsinterpre-
tation von kandinsky im zweiten gegensatzpaar seiner farblehre.

nun sitz ich im grano, am kornmarkt. auf meinem bartisch
steht ein glas grauer burgunder, vinum nobile, qualitätswein tro-
cken, von den oberkircher winzern, gewachsen auf mineralrei-
chem granit-verwitterungsboden. zudem ausgewählte oliven und
dunkles brot. sicht auf den rechteckigen, mit pflastersteinen be-
legten platz. meine wiederkehrende frage taucht auf: warum sitz
ich hier und nicht woanders?

nach einem kurzen imbiss suche ich die teeläden auf, von de-
nen großvater schwärmt. bei janssen kaffee kaufe ich japan grü-
ner sencha kagoshima, bei tee gschwendner besorge ich mir ja-
pan kabuse-cha halbschatten, japan gyokuro, und eine neuheit
und überraschung für großvater: grüner tee z, zealong. hab den z
in einer kleinen porzellanschale verköstigt. kann den geschmack
nicht beschreiben. mir fehlen die worte.

'der meteor' wurde am zwanzigsten januar neunzehnhundert-
sechsundsechzig am zürcher schauspielhaus uraufgeführt. jetzt sitz
ich im TIKK im karlstorbahnhof in heidelberg. auf dem ticket
steht gedruckt: 'DER METEOR. eine komödie von friedrich
dürrenmatt. gebucht von abendkasse TIKK. 14ef. 12,00 euro.

kein anspruch auf sitzplatz.' hinter sitzplatz ein ausrufezeichen.
'präsentiert von prinz carl ensemble neckargemünd.'

der literaturnobelpreisträger wolfgang schwitter, auferstanden von den toten, kehrt am längsten tag des jahres in sein atelier zurück. trotz hitze im dicken pelzmantel, mit zwei koffern, zwei kerzen. im atelier, wo schwitter seinerzeit als maler arbeitete, lebt nun ein anderer maler mit frau und zwillingstöchtern. schwitter will im atelier sterben, doch besucher halten ihn davon ab: der krankenhauspfarrer, der hausbesitzer, schwitters frau. schwitter stirbt. steht von den toten auf. unheil folgt. die heilsarmee taucht auf und besingt schwitter. posaunenklänge erklingen und schwitter ruft: wann krepiere ich endlich?

ein meteor bricht in die atmosphäre der erde ein. indem er verglüht, fliegen brocken auf die erde. einer soll gar für das aussterben der dinosaurier verantwortlich sein. ein anderer meteorit nimmt als literaturnobelpreisträger bühnengestalt an. stirbt und ersteht wieder auf. zweimal. im jargon der nerds: wonder 2.0.

am abend vor meiner weiterfahrt, den neckar und den rhein entlang via worms, mainz, rüdesheim, loreley, boppard in richtung moselmündung in koblenz, besuche ich das gasthaus zum weißen schwan. sitze an der theke direkt an der bar. trinke köstritzer schwarzbier. dazu eine deftige mahlzeit mit sauerkraut, kartoffeln, speck und rippli. nach dem dritten köstritzer kritzle ich auf den bierdeckel:

```
köstritzer  schwarzbier  schmeckt
krazwester  zmirschtbier  schöckt
tröskrazer  schmetzbier  schwickt
röstkeitzer  schmirzreb  schwackt
krötzwasmer  breicktisch  scherzt
```

0 1
1 0

mutus befindet sich in einem hoch. frühmorgens verlässt er die backmulde. sein gepäck wiegt mehr. klar, grüntee aus japan und neuseeland gehen ins gewicht. dazu proviant für die weiterreise mit einer flasche spätburgunder, rotwein collection oberkirch, und leberwurst, schwarzwälder rohschinken, sauren gurken, eingelegten roten zwiebeln, oliven vom markt, schwarzbrot, käse zum dessert und getrockneten früchten. doch mutus' kalkulation geht immer auf: 20 kg gepäck beim start, inklusive zelt, schlafsack, toilettenartikeln, wallwurzsalbe für den rücken, hirschtalg für die füße und wenig ersatzkleidern, lassen 5 kg proviant samt wasservorrat problemlos zu. sein silkroad könnte vierzig bis fünfzig kilos schleppen, doch mutus setzt auf klein, aber fein.

mutus radelt auf der legendären rheinstrecke von mannheim, über worms, mainz, wiesbaden, oestrich-winkel, rüdesheim, bingen, bacharach bis sankt goar. dort packt er sein proviant aus und kostet den wein, bevor er sich müde im schlafsack verkriecht. am nächsten tag geht's weiter nach poppard, koblenz und die mosel entlang in richtung cochem.

die meisten radeln flussabwärts. mutus fährt lieber in gegenrichtung. gegen den strom ist nicht nur beim radeln sein credo. er meint, das leben sei reichhaltiger, wenn man widerstand überwindet. in winningen packt er einige leckerbissen aus und frühstückt ausgiebig. dann fährt er weiter bis cochem.

die vergangenheit holt mutus ein. welche korruption bei webscan, wo er anheuern wollte! nun ist die attila-bande mit dem pekinger zirkel und den russischen hackern verkuppelt. big business. illegal zwar, aber das scheint en vogue zu sein. er fragt sich, ob er nicht selbst handlanger dieser geschäfte war. schließlich klaute er das luxemburgerli-rezept und verhökerte es für geld. ist denn die ganze gesellschaft korrupt? graue und schwarze geschäfte finden sich überall. bei kandinsky steht schwarz für den tod. mit anderen worten bauen diese geschäftsmodelle auf sand. früher oder später fliegen sie auf und er selbst als handlanger.

die müdigkeit überwältigt mutus. er schläft am laufe der mo-
sel bei cochum. manchmal schießt er hoch aus dem schlaf und
seinen träumen. dann hört er nur das beruhigende rauschen der
mosel. die natur wird alles regeln.

am nächsten tag radelt er frühmorgens los. einen kleinen im-
biss mit einem nickerchen gönnt er sich in bernkastel-kues. dann
geht's weiter nach trier. augusta treverorum, die älteste stadt
deutschlands. über zweitausend jahre vor christi geburt gegrün-
det. mit amphitheater, thermen der barbara, basilika von kon-
stantin, porta nigra und römerbrücke. einer karl-marx-statue
auf dem simeon stiftplatz. trier, von den hunnen unter attila vor
jahrhunderten erobert.

1 0
0 1

das rote haus steht in der dietrichstraße am marktplatz in trier.
es wurde 1684 durch den baumeister wolfgang stuppeler gebaut
und vom domsekretär johann wilhelm polch bewohnt. nach
der zerstörung im zweiten weltkrieg wurde es in den jahren
1968 bis 1970 wiederaufgebaut. dort findet man heute die in-
schrift ANTE ROMAM TREVIRIS STETIT ANNIS MIL-
LE TRECENTIS PERSTET ET AETERNA PACE FRUA-
TUR. was in etwa heißt, dass trier tausenddreihundert jahre
vor rom entstand und es möge weiter bestehen und sich ewi-
gen friedens erfreuen.

dann zupft mich anatina am hemd und wir fallen uns in die
arme. 'hat geklappt mutus, hab das rote haus am marktplatz ge-
funden', sagt sie schmunzelnd. dann schlendern wir arm in arm
zur porta nigra und weiter auf den markusberg ins café mohren-
kopf. herrliche aussicht auf die altstadt und die mosel. anatina be-
stellt einen kaffee pharisäer mit rum, schlagsahne und streusel-
kuchen und freut sich über die römische gewandspange, die ich

ihr schenke. ich genieße das benediktiner weizenbier mit weiß-
wurst und bretzel.

anatina ist auf weineinkauf unterwegs: weißwein und rotwein
in meursault, roter burgunder in santenay. sie macht einen klei-
nen abstecher nach trier, um mich zu sehen. ich tippe: 'welche
weine kaufst du ein?' anatina erklärt: 'in meursault kurz nach
beaune werde ich jean monnier respektive seine söhne besuchen
und den roten pommard épenots und den weißen puligny mon-
trachet einkaufen. dann fahre ich etwas weiter nach santenay
zu louis nié für den roten burgunder chassagne montrachet. die
weine in santenay sind ebenfalls spitze, aber nicht so teuer wie in
pommard, volnay, chambolle-musigny, nuits-saint-georges oder
gevrey-chambertin.'

ich tippe: 'in meursault musst du den boeuf bourguignon à
l'ancienne im restaurant des arts an der place de l'hôtel de ville
probieren.;-)' anatina ist erstaunt, dass ich meursault kenne und
will wissen, weshalb. ich beschreibe ihr bruchstückartig mei-
ne velotour von zürich via saint ursanne am doubs, weiter nach
dôle, beaune respektive meursault, autun bis decize an der loire
mit abstecher nach sancerre und dann alles runter bis saint bre-
vin le pins an der mündung der loire in den atlantik. weiter in
die bretagne bis camaret-sur-mer auf der presque d'île de cro-
zon. 'wow, das bist du alles geradelt?', staunt anatina. ich strah-
le und zeige ihr einige fotos meiner velofahrt von zürich nach
camaret-sur-mer.

zurück in der altstadt in trier, bei einem kleinen umtrunk,
stupst mich anatina und will neuigkeiten aus meiner primzah-
len-welt. 'kennst du marin mersenne?', schreibe ich auf mei-
nem laptop. 'nee, noch nie gehört, ist das ein mönch, der sich
mit primzahlen befasst?' ich erkläre, dass mersenne ein franzö-
sischer theologe, mathematiker und musiktheoretiker war. und
weiter: zu seiner zeit im sechzehnten jahrhundert waren die be-
rufe noch nicht so spezialisert wie heute. mersenne hat neben
theologie auch naturwissenschaften, mathematik, astronomie
und philosophie studiert und sich mit galileo galilei, rené des-
cartes, blaise pascal und pierre de fermat auseinandergesetzt und

mit ihnen persönlichen kontakt gepflegt. 'das ist doch erstaunlich, dass ein geistlicher sich von den damals herrschenden mystischen lehren den naturwissenschaften und der mathematik zuwandte!', tippe ich eifrig.

anatina drängt mich, einige geheimnisse von marin mersenne zu verraten. da werde ich nicht verlegen und kritzle die mersenne zahlenformel $M_n = 2^n - 1$ auf meinen screen. die ersten sieben mersenne-zahlen seien demnach

$2^1 - 1 = 2 - 1 = 1$
$2^2 - 1 = 4 - 1 = 3$
$2^3 - 1 = 8 - 1 = 7$
$2^4 - 1 = 16 - 1 = 15$
$2^5 - 1 = 32 - 1 = 31$
$2^6 - 1 = 64 - 1 = 63$
$2^7 - 1 = 128 - 1 = 127$

alle mersenne-zahlen M_n könne man im dualsystem als eine zahl mit n einsen darstellen. anatina stoppt mich und will wissen, was das dualsystem ist. ich schreib ihr auf, wie ein digitaler computer funktioniert und wie alle informationen mit 0 und 1 codiert werden. die mersenne-zahl M_3 zum beispiel sei $2^0 + 2^1 + 2^2 = 1 + 2 + 4 = 7$ und würde im digitalen computer als einserfolge **111** dargestellt, da $1 * 2^0 + 1 * 2^1 + 1 * 2^2$ die 7 ergebe.

dann komm ich in fahrt. man habe lange zeit geglaubt, dass für alle primzahlen p gelte, dass die mersenne-zahl $M_p = 2^p - 1$ ebenfalls prim sei. das gelte zum beispiel für $M_3 = 2^3 - 1 = 8 - 1 = 7$, aber nicht für $M_{11} = 2^{11} - 1 = 2047$, da 2047 eine multiplikation der beiden primzahlen 23 und 89 sei.

bis heute seien nur wenige mersenne-primzahlen – mersenne-zahlen, die prim sind – bekannt. die ersten sieben mersenne-primzahlen seien

$2^2 - 1 = 4 - 1 = 3$
$2^3 - 1 = 8 - 1 = 7$
$2^5 - 1 = 32 - 1 = 31$

$2^7 - 1 = 128 - 1 = 127$

$2^{13} - 1 = 8.192 - 1 = 8.191$

$2^{17} - 1 = 131.072 - 1 = 131.071$

$2^{19} - 1 = 524.288 - 1 = 524.287$

bis jetzt kenne man lediglich einundfünfzig mersenne-primzahlen. die größte bis anhin bekannte mersenne-primzahl $M_{51} = 2^{51} - 1$ könne ich nicht aufschreiben, da sie 24.862.048 ziffern umfasse. anatina unterbricht mich in meinem rausch und sagt: 'lieber mutus, ich muss langsam aufbrechen.' nur mit widerstand komme ich aus der mersenne-zahlenwelt zurück nach trier. und dann doppelt anatina nach: 'ich wollte dir schon lange sagen, dass ich verliebt bin. luzi und ich versuchen, gemeinsam unser leben zu gestalten.'

```
0 1
1 0
```

```
rich tig
tag
wach fal
sche
nacht
sacht
geh und
such
dich
```

in den frühen morgenstunden kritzelt mutus sein gedicht 'richtigtagwachfalschenacht' in sein notizbuch, packt seine utensilien aufs silkroad und schiebt es an der benediktinerabtei sankt matthias vorbei. die romanische basilika ist eine pilgerstätte für viele gläubige. obwohl mutus nicht gläubig ist, hält er kurz inne.

hier wurde die venus von sankt matthias an die friedhofsmauer gekettet und wartet seitdem auf ihre erlösung. nun steigt mutus aufs rad und hört die venus leise flüstern: 'ICHWARGEEHRE-TALSEINGOTTIETZSTEHENICHHIEDERWELTZVSPOT.' er radelt am rechten ufer der mosel entlang und kann den fluss beinahe mit seinen händen berühren. alles ist ruhig zu dieser frühen morgenstunde. seine flucht aus trier wird von niemandem bemerkt. er lässt konz hinter sich und erreicht nach kurzem pelz schengen. 'nun befinde ich mich im herzen des schengenraum', denkt mutus, 'obwohl ich schweizer bin.' ein glücksgefühl steigt in ihm hoch.

in sierck-les-bains wechselt mutus aufs linke ufer der mosel und folgt der radstrecke bis thionville. bei dieser kurzen fahrt taucht er von der nacht in den frühen morgen ein und kann den übergang von dunkel und hell nicht festhalten. kurz vor metz blenden ihn die ersten sonnenstrahlen. im jardin de l'esplanade an der avenue ney packt er seinen proviant aus und frühstückt gemütlich.

im dezember 1940 feierte adolf hitler weihnachten in metz, nach dem sieg seiner truppen über frankreich. im herbst waren die gemeinden motigny-lès-metz, le ban-saint-martin, saint-julien-lès-metz, vallières, borny, la maxe, moulins, plappeville, sainte ruffine und woippy ins verwaltungsgebiet von metz eingegliedert worden. erst vier jahre später, im november 1944, bildete die befreiung von metz durch die truppen der third united states army den höhepunkt der schlacht um lothringen. der unerwartete widerstand der nazis hielt den hauptteil der dritten us-armee lange bei metz auf. damit konnte die ardennen-offensive unter dem decknamen 'wacht am rhein' als letzter deutscher gegenschlag gegen die alliierten gestartet werden. der kalte winter 1944 und 1945 begünstigte die verteidiger. nur bei gutem wetter konnten die alliierten ihre luftüberlegenheit nutzen.

mutus entschließt sich, eine nacht im hôtel de la cathédrale entre la cathédrale saint-étienne de metz et la rivière moselle zu buchen. er kann sein silkroad im keller sichern. dann stürzt er sich ins zimmer, nimmt eine warme dusche und macht ein nickerchen, bevor er zu fuß die stadt erkundet.

beim weiterradeln habe ich die stadt nancy auf der moselschleife umfahren. ich erreiche neuves-maisons, wo der canal des vosges endet. hier lese ich auf einer tafel, dass größere frachtschiffe auf einer strecke von 394 kilometern die stadt koblenz erreichen können. dabei müssen sie 161 meter höhe unterwinden, mit insgesamt achtundzwanzig staustufen.

in charmes übernachte ich auf dem zeltplatz municipale, damit ich mich duschen und mir etwas bruzeln kann. am nächsten morgen geht es früh los in richtung épinal und weiter bis remiremont, wo ich auf die mündung der moselette stoße. dieser seitenstrang der mosel ist nur knapp fünfzig kilometer lang. an der mündung in die mosel scheint mir die moselette jedoch doppelt so groß wie die moselle.

langsam steigt mein puls an. saint-maurice-sur-moselle liegt bereits hinter mir und ich durchquere bussang. nehme die alte passstraße zum col de bussang auf der route des sources bis wohin?

```
the new dawn blooms as we free it
for there is always light
if only we're brave enough to see it
if only we're brave enough to be it
```

die source de la moselle liegt am fuße des berges drumont. auf 715 metern höhe über dem meer. 715 bedeutet fünf mal elf mal dreizehn. jede der drei teiler-primzahlen ist lieblicher als die andern. fünf. elf. dreizehn.

auf dem mauerwerk der moselfassung ist der gesamte lauf dieses flusses von der quelle bis koblenz eingemeißelt. die source de la moselle liegt zwei hoch fünf mal siebzehn kilometer von der mündung in den rhein entfernt.

nach zwei, drei stunden an der moselquellenluft überwinde ich meine müdigkeit, radle und stoße mein silkroad die fünfhundert höhenmeter hoch auf den petit drumont. in der auberge nehme ich ein heißes bad, esse köstlich und danke amanda gorman für ihre ermunterung mit 'the hill we climb'.

0 1
1 0

nach knapp drei wochen kehrt mutus in die schweiz zurück. seine schwarzwald- und vogesen-velotour war ein erfolg, bis auf den rückschlag in trier. anatina erklärte mutus, dass sie mit luzi ein neues leben beginnen wolle. und wo bleibt mutus in diesem leben? mutus hat auf der rückreise via elsass und baselbiet seinen großvater besucht und ihm den grüntee von heidelberg überreicht. klar, der großvater hat heißes wasser aufgesetzt, um den grüntee z von zealand zu kosten. er war begeistert und mutus war glücklich, dass sich der teetransport gelohnt hat.

mutus erzählt großvater auch von seinem liebeskummer in trier und dass er nie fähig sei, eine frau zu lieben außer anatina. großvater beruhigt mutus und sagt, dass stille gewässer tief seien und dass seine zeit noch kommen werde.

nach einem erholsamen wochenende mit großvater packt mutus sein silkroad erneut und radelt zurück ins niederdorf. als er vor seiner wohnungstüre an der predigergasse steht, ist er irritiert, denn diese ist nur angelehnt. war die putzfrau hier und hat vergessen, abzuschließen?

nur zögerlich wagt sich mutus in seine wohnung und glaubt, dass er im falschen film gelandet ist. alles ist kurz und klein geschlagen in seinem zuhause. alle schränke und regale sind durchwühlt worden. auch die küche steht auf dem kopf. er prüft sofort, ob das kleinod 'über das geistige in der kunst' noch vorhanden ist. zum glück. was will er mehr?

erst später fällt ihm ein, dass seine backup-installationen in den verstaubten chianti-flaschen eventuell geknackt worden sein könnten. fehlanzeige. zum glück. der dicke staub auf den flaschen hat die innereien gerettet. mutus saugt eine kopie seiner backups auf seinen massenspeicher, vernichtet alle elektronischen überbleibsel in seiner wohnung und verlässt zürich einmal mehr in not auf seinem silkroad in richtung jura.

nach rücksprache mit seinem großvater entscheiden sich die beiden, dass mutus vorübergehend in einem bunker in der nähe des belchens untertaucht. der rest geht zügig voran, einige kumpels von ammel fahren mutus mit proviant und getränken hoch. klar, mutus' computer-equipment mit dem massenspeicher darf mit. nun sitzt mutus im felsen in einem bunker. hier unten ist es feucht und nur ein spärliches licht fällt herein. mutus überlegt sich, wie er seine spuren noch besser vertuschen kann.

erstens bestehen keine audioaufzeichnungen von ihm. seit seiner geburt spricht er nur mit sich selber und niemand kann ihn verstehen. später lernte er die gebärdensprache. nun kann er die diskussionen seiner mitmenschen in zweierlei hinsicht nachvollziehen: über sein ohr und über sein auge.

weshalb ist das so wichtig für mutus? da mutus nicht spricht, bestehen weltweit keine audioaufnahmen von seiner stimme. also kann kein algorithmus ihn via sprache orten. kommt hinzu, dass mutus vorsichtig ist und seinen schreibstil laufend variiert. weshalb? clevere algorithmen können individuelle laute oder schreibstile personen zuordnen. dank seiner vielfältigen schreibstile kann im moment kein computersystem mutus orten.

mutus kennt sich in der erkennung individueller sprach- oder schreibstile bestens aus. jeder mensch hat seine eigenheiten und kann mithilfe von texten oder gesprächen eindeutig identifiziert werden. mutus kann nicht identifiziert werden. geschweige denn eindeutig. er spricht nicht und sein schreibstil variiert wie seine gefühle.

mutus weiß, dass ein schlüssel zur sprach- oder schrifterkennung einer einzelnen person in der analyse des individuellen stils derselben liegt. beispielsweise gibt es menschen, die ihre aussagen mit füllwörtern anhäufen, vielleicht weniger beim schreiben als beim sprechen. 'genau, mit der zeit erkennt ein algorithmus den individuellen sprechstil' oder 'genau, mit der zeit erkennt ein algorithmus den individuellen schreibstil'. 'genau' oder 'vielleicht' oder 'okay' oder 'hmm' oder 'geil' oder 'mega' oder 'oder' verraten den sprechenden wie den schreibenden. geheimdienstler knacken demnach gespräche oder geschriebenes und ordnen diese äußerungen ihren zielpersonen zu.

mutus spricht nicht und er schreibt deutsch in varianten oder englisch in varianten oder französisch in varianten oder italienisch in varianten oder spanisch in varianten oder varianten von varianten. daher kann mutus nie auf dem radar eines deep-learning-algorithmus zum sprach- oder schreibstil auftauchen.

kommuniziert mutus mit großvater, anatina oder seinen kumpels, benutzt er seine finger-, hand-, arm- und körpersprache. eher selten tippt er kurzzeiler oder lautgedichte in seine maschine und beamt sie an die wände. dabei sind seine buchstabenfolgen oft zufallsgenerierte permutationen von buchstabenfolgen.

'ich bin halt clever', würde mutus nie schreiben. er würde schreiben: 'test algorithm' oder 'prüfcode' oder 'proof code' oder 'reset' oder 'upset' oder 'set' oder 'submit'.

im belchenbunker analysiert mutus seine posts der letzten jahre auf individuelle floskeln. er stellt mit genugtuung fest, dass seine kurzen sprachnotizen eintausenddreihunderteinundfünfzig personas zugeordnet werden könnten. alle zuordnungen haben eine treffsicherheit von kleiner oder gleich einem prozent.

nun kann sich mutus getrost seinem hobby der klang- und symbolgedichte zuwenden. er entwirft ein gedicht mit dem titel 'LAUT LOS':

```
mutus  mutus  mutus  mutus  mutus  mutus  mutus
mutus  mutus  mutus  mutus  mutus  mutus  ......
mutus  mutus  mutus  mutus  mutus  .............
mutus  mutus  mutus  mutus  ...................
mutus  mutus  mutus  ..........................
mutus  mutus  ................................
mutus  .....................................
       .....................................
```

in der zwischenzeit hat sich mutus gemütlich im bunker eingenistet. ein kleines feuer flackert im ofen aus stahl. im unteren fach legt er ab und zu holzklötze nach. im oberen fach, auf einer schamotte, kann er brot oder pizzas backen und auf der abstellfläche wird gekocht.

nun macht sich mutus an die recherche der datenhaufen der letzten wochen, in welchen er im schwarzwald und in den vogesen unterwegs und out of the web war. auf seinem verschlüsselten kanal kontaktiert er anas und steve und ist erfreut, welche details die beiden hackerkumpels über webscan und co. aus dem web herauspressen konnten. alle diese details fügen sich zu einer großen liste von illegalen geschäften von attila respektive von webscan zusammen. darin ist ersichtlich, welche personen und organisationen welche geheimnisse in der schweiz geknackt und versilbert haben, und zu welchen konditionen. mutus kann es nicht fassen, wie umfangreich die liste der vergehen von webscan ist und welches vermögen dieses analyseinstitut in den letzten monaten angehäuft hat.

mutus schickt die umfangreiche datei verschlüsselt an seinen großvater und bittet ihn, einen blick darauf zu werfen. großvater ist top vernetzt in der region basiliensis und kann ihm über seine kontakte sicher einen tipp fürs weitere vorgehen geben. was soll er mit der liste der straftaten von webscan anfangen? weitergeben? und wenn ja, an wen? oder vernichten und sich selbst schützen? to survive or to die off – that is the question. oder gibt es einen mittelweg für mutus?

mutus legt ein scheit nach, das feuer lodert auf und versprüht funken. die funken erinnern mutus an die plejaden, an die beschreibung des sternenhaufens M45 von charles messier, an das siebengestirn, an die sieben schwestern mit dem stern pleione.

mutus fährt sein computerarsenal hoch. er lässt die gespräche mit anatina aufleben. laute wie sch-tj oder sch-tsch beruhigen mutus. dann kurbelt er seine sprachsoftware an und füttert die emails von anatina. er hat lange zeit an dieser software gebastelt, bis er den tonfall von anatina einigermaßen aus seinem textsprachtransformer generieren konnte. nun glaubt er, dass anatina in seinem bunker im belchen sitzt und mit ihm plaudert. pleione im belchenbunker auf besuch. virtual reality. und dann: ein geschenk für anatina. pleione rezitiert mutus' liebesgedicht mit dem titel NEBEL:

```
LEBEN
OHNEDICH
IST
WIE
LEBEN
OHNEMICH
```

mutus hat schon seit jahren versucht, textkonserven in sprache zu übersetzen. die herkömmlichen vom computer generierten hörtexte klingen künstlich und zerhackt. mutus hat seine software verfeinert, um seine innere stimme mit der hilfe eines sprechenden bots zu synthetisieren. niemand weiß, wie reif der sprachklanggenerator von mutus ist. er modelliert die einzelnen textteile je nach anordnung der worte und der bedeutung im textumfeld. mutus ist im moment daran gelegen, je nach sinn der sprachteile die modulation auf die künstliche stimme zu übertragen, damit der output suggeriert, die person stehe einem gegenüber und spreche auf natürliche weise. klar, fuzzy logic ist mutus' ansatz nach dem motto: fuzzy human beings speak fuzzily not synthesized. mutus programm für seine sprache lautet: MutusSpeechVersion9.

mutus hat seine innovation des textsprachtransformers noch niemandem vorgeführt, nicht mal seinem großvater oder anatina. mutus ist stumm auf die welt gekommen und bis jetzt gegenüber seiner umwelt stumm geblieben. zwar hat er eine innere stimme, doch niemand hört ihm zu oder versteht ihn. er besitzt lediglich seine software MutusSpeechVersion9; allerdings wurde diese bis jetzt noch keinem betatest unterworfen. mutus ist ein grenzgänger und außenseiter. wie soll er nach all den jahren plötzlich seine getippten texte in seiner stimme reden lassen?

apropos getippte texte. da ist er weltmeister, denn mutus konnte auf einer alten schreibmaschine seines großvaters – einer underwood – das zehnfingersystem erlernen. als jux machten großvater und er wettrennen bezüglich tippzeit auf einer schwarzen schachtel mit kohlepapier. zu beginn war er so schnell, dass sich die im halbkreis angeordneten typenhebel der einzelnen buchstaben verhedderten. dann musste er sich antrainieren, etwas langsamer und in serieller abfolge die buchstaben auf den tasten zu drücken. großvater wählte jeweils eine doppelseite aus dem grünen heinrich und stoppte dann die zeit, die mutus zum abtippen brauchte. tippfehler gaben strafpunkte und abzug in der tippzeit. es ging nicht lange, bis mutus im tippmarathon großvater um dutzende von sekunden hinter sich ließ. großvater schmunzelte jeweils und meinte, mutus könne schneller tippen als sprechen.

kurzum: mutus denkt, dass er als mutus geboren und sterben werde. ein mutus kann nicht aus seiner haut. er bleibt ein außenseiter und grenzgänger. außenseiter betrachten die welt immer wieder von der außenseite wie austronauten im all. grenzgänger gehören weder hierhin noch dorthin, denn sie befinden sich auf einer gratwanderung zwischen sein und nicht sein. für sie gibt es kein schwarz und weiß, nur farbtöne.

1 0
0 1

mitten in der nacht werde ich vom teufel belphegor aufgescheucht. er muss wohl über das abzugsrohr meines stahlofens in meinen bunker eingedrungen sein. zum glück ist's nur belphegor, der dämon, und nicht ein von webscan ausgesannter häscher.

mir kommt die scherzhafte novelle von niccolò di bernardo dei machiavelli in den sinn, die mir großvater in den jugendjahren geschenkt hat. darin wird belphegor vom höllenfürsten pluto auf die erde geschickt, denn pluto wundert sich über die vielen männerseelen im fegefeuer, die ihre ehefrauen für ihr schicksal verantwortlich machen. so schickt pluto seinen ehemaligen erzengel und jetzigen erzteufel belphegor auf die erde, mit der aufgabe, sich dort eine frau zu nehmen. belphegor kommt auf die erde und nimmt sich eine frau. unvermögend, ihren hochmut zu ertragen, kehrt er jedoch wieder in die hölle zurück.

ich leg ein scheit in den ofen und das feuer flackert wie in der hölle auf. dann setz ich mich mit belphegor an den holztisch und zeig ihm das geheimnis $B_n = (10^{n+3} + \mathbf{666}) \star 10^{n+1} + 1$ des zahlengedichts mit dem titel belphegor-slam:

$$\mathbf{1}\mathbf{666}\mathbf{1}$$
$$\mathbf{1}0\mathbf{666}0\mathbf{1}$$
$$\mathbf{1}00\mathbf{666}00\mathbf{1}$$
$$\mathbf{1}000\mathbf{666}000\mathbf{1}$$
$$\mathbf{1}0000\mathbf{666}0000\mathbf{1}$$
$$\mathbf{1}00000\mathbf{666}00000\mathbf{1}$$
$$\mathbf{1}000000\mathbf{666}000000\mathbf{1}$$
$$\mathbf{1}0000000\mathbf{666}0000000\mathbf{1}$$
$$\mathbf{1}00000000\mathbf{666}00000000\mathbf{1}$$
$$\mathbf{1}000000000\mathbf{666}000000000\mathbf{1}$$
$$\mathbf{1}0000000000\mathbf{666}0000000000\mathbf{1}$$
$$\mathbf{1}00000000000\mathbf{666}00000000000\mathbf{1}$$
$$\mathbf{1}000000000000\mathbf{666}000000000000\mathbf{1}$$
$$\mathbf{1}0000000000000\mathbf{666}0000000000000\mathbf{1}$$

belphegor strahlt, denn die sechssechssechs stellt ihn dar. zudem ist er zweifach eingebettet in einsen und zwischen einsen und sechssechssechs treten nach der ersten belphegor-zahl $B_0 = (10^3 + \mathbf{666}) \star 10 + 1 = \mathbf{16661}$ identische nullerfolgen zwischen eins und sechssechssechs von links wie von rechts auf.

'deine zahlenreihe besteht aus lauter palindromen', kritzle ich unter den belphegorschen scheiterhaufen. belphegor will wissen, was palindrome sind und freut sich nach meiner erklärung, dass man seine zahlen sowohl vorwärts wie rückwärts lesen kann und dass sie in beiden fällen dieselbe belphegor-zahl ergeben. 'welche dieser zahlen ist deine lieblingszahl', will der teufel von mir wissen. funken sprühen aus dem ofen, als ich belphegor meine lieblingszahl aufschreibe:

1000000000000066600000000000001

'wow, das ist ne wucht', meint der teufelskerl und will wissen, weshalb ich gerade diese zahl ausgesucht habe. ich schreibe: 'primzahl.;-)' dann erkläre ich belphegor, dass diese zahl das dreizehnte glied B_{13} in der belphegorfolge seiner teufelsreihe B_n darstelle. zudem sei die sechssechssechs eingerahmt von dreizehn nullen. die B_{13} hätte insgesamt 31 stellen und die spiegelzahl dazu sei 13. einunddreißig sei eine meiner lieblingszahlen, die ebenfalls prim sei, und die primzahl dreizehn stamme aus der hölle und bringe den gläubigen unglück.

$$\begin{matrix} 1 & 0 \\ 0 & 1 \end{matrix}$$

mein großvater und ich treffen uns im kloster schönthal bei langenbruck. wie schon oft zuvor haben wir uns mit hans josephson, besser gesagt mit seinen skulpturen aus messing, verabredet. großvater wartet vor der westfassade der kirche des benediktinerklosters auf mich. er weist auf die fassade und sagt: 'schau dieses quadermauerwerk, das ohne fugen auskommt, und hier das relief mit dem kreuztragenden lamm und die zwei rundbogigen tabernakel als figurennischen.' großvater strahlt über das prunkstück der romanischen architektur mit der bogeninschrift HIC EST RODO.

natürlich möchte ich wissen, was HIC EST RODO bedeutet. großvater erklärt mir, dass es unzählige deutungen gäbe. doch er sehe es als aesopisches sprichwort. der griechische fabeldichter aesop habe sechs jahrhunderte vor christus gelebt. eine seiner geschichten handle von einem eitlen athleten, der behauptete, dass ihm an einem wettkampf in rhodos ein meilensprung gelungen sei. dieser sportler wurde dann verspottet und aufgefordert: wir sind hier in rhodos, also spring hier und zeige deine sprungkraft. später sei daraus das lateinische sprichwort entstanden: HIC RHODUS, HIC SALTA!

mir kommen die webscan-häscher in den sinn und die begegnung mit belphegor, der mich vor ihnen schützt. und ich sage lautlos zu mir: mutus, hier ist rhodos und hier musst du springen und dich für deine zukunft entscheiden. MUTUS HIC RHODUS HIC SALTA.

die bronzenen figuren und köpfe von josephsohn im kloster schönthal, die mein großvater und ich bewundern, bringen eine tiefe ruhe in meine seele. vielleicht weisen mir diese skulpturen den weg, den ich in zukunft gehen muss. sie sind mächtig, facettenreich, abstrakt und sprechen lautlos mit dem betrachter, der zeit und gelassenheit aufbringt.

nach der andacht im klosterareal wandern großvater und ich auf dem kretenweg zur ankenballen flue. dann weiter zum chilchzimmer sattel und zur belchen flue. großvater zeigt mir unterwegs unzählige orchideen und bei einem kleinen abstecher zum rehhag auch seinen geheimen fundort der frauenschuhe. als junger mann machte sich großvater stark, die chilpen in der region unter naturschutz zu bringen. dort wachsen unter anderem bienen- und hummelorchideen auf dem leichten abhang, wo früher mergel abgebaut wurde.

nun steigen wir in meinen bunker. der pizzateig ist aufgegangen. ich schwinge ihn in der luft, beträufle ihn mit olivenöl und steche ihn mit einer gabel. dann verteile ich pelati und käse vom bauer, sardellen und kapern, gehackte zwiebeln und knoblauch darauf. rein in den ofen aus stahl.

'deine pizza ist köstlich und dein sunnewirbel-salat ein gedicht', meint großvater. wir prosten einander mit blauburgunder pinot noir sélection maisprach zu.

großvater erzählt mir, dass er meine unterlagen seinen kollegen im advokatenbüro spitz&lang in basel unterbreitet habe. meine zusammenstellung der delikte von webscan müssten unbedingt geahndet werden, sofern ich einverstanden sei. ich selber mache mir sorgen wegen meines hackerauftrags für das luxemburger-li-rezept, doch großvater beruhigt mich. die advokaten würden argumentieren, dass sprüngli selbst das rezept von einem belgischen konditor geklaut habe und es somit nicht geschützt sei. ich hätte demnach nichts verbotenes geklaut, im gegensatz zu den übrigen delikten, die unter firmenspionage fallen würden.

auf mein blatt mit dem belphegor-scheiterhaufengedicht schreibe ich: 'großvater, was mache ich, wenn ich dich nicht mehr habe?' großvater beruhigt mich und sagt, ich sei talentiert, hätte von ihm vieles gelernt und würde diesen schatz weitertragen. 'was mache ich, wenn du tot bist?', dopple ich nach. dann sagt großvater: 'ich schenk dir jetzt ein gedicht von meinem freund hans sahl.' dieser sei ein antifaschistischer schriftsteller gewesen und habe ihm das folgende gedicht gewidmet. dann kritzelt großvater dieses gedicht auf die rückseite der teufelspyramide:

ICH GEHE LANGSAM AUS DER ZEIT HERAUS
IN EINE ZUKUNFT JENSEITS ALLER STERNE
UND WAS ICH WAR UND BIN UND IMMER BLEIBEN WERDE
GEHT MIT MIR OHNE UNGEDULD UND EILE
ALS WAER ICH NIE GEWESEN ODER KAUM

0 1
1 0

der skandal mit webscan füllt tageszeitungen und nachrichten-sendungen weltweit. cnn international ist vor ort in bern und in direktem kontakt mit den bundesbehörden. nach hausdurchsuchungen bei webscan auf dem hürlimann areal wird die gesamte umgebung abgesperrt. attila, lisa und weitere führungskräfte sitzen in untersuchungshaft.

spitz&lang hat gute arbeit geleistet. der name mutus taucht nirgends auf. das team der spionageabwehr schweiz konzentriert sich auf peking, moskau und boston. die schweizer behörden arbeiten mit den europäern und amerikanern zusammen, um handfest gegen russland und china vorzugehen. endlich mal eine zusammenarbeit zwischen USA und europa. es folgen wirtschaftssanktionen gegen russland und china. die pipelines nord stream sowie silk road werden auf eis gelegt. hightech und computerlieferungen aus den USA und der EU werden gestoppt. die westverbündeten wollen sowohl russland als auch china zu fairtrade-verhandlungen zwingen. andernfalls droht ein eiserner vorhang von der barentssee übers schwarze meer bis zum gelben meer und weiter zum ostchinesischen und südchinesischen meer. freier welthandel auf dem prüfstand.

henri poincaré war mathematiker, astronom und philosoph. er gilt als begründer der algebraischen topologie. dabei werden topologische räume mithilfe algebraischer strukturen analysiert. ein topologischer raum kennt keine metrik. es gibt nur begriffe wie innen oder außen, offen oder geschlossen, lage-, nachbarschafts- und zusammenhangsbeziehungen. homöomorphismen bilden zwei topologische räume eineindeutig aufeinander ab. dies unabhängig von dehnungen, stauchungen oder verbiegungen.

mutus arbeitet seit kurzem an der université nancy henri poincaré oder uhp in nancy. obwohl er über keinen universitätsabschluss verfügt, stießen seine algorithmen für kryptografie und für konsensbildung bei blockchains auf interesse. ihm wurde ein attraktives angebot als kryptoanalytiker und wissenschaftler im département d'informatique gemacht. dank diesem angebot kann er seine vergangenheit als hacker hinter sich lassen. kommt hinzu, dass hier neben englisch vor allem französisch gesprochen wird.

mutus wohnt an der rue charles de foucauld ganz in der nähe des parc de la pépinière. der röhrenverstärker von großvater und all seine jazz-schallplatten sind gezügelt. auch 'über das geistige in der kunst' von wassily kandinsky.

mutus radelt mit dem bicyclette zu seiner arbeit an die uhp. die stadt und vor allem die altstadt ist ein geschenk für mutus. er sitzt regelmäßig mit seinen kumpels im bistro. zudem hat er einen club mit dem namen nancy symbol slam gegründet. in einem kleinen keller ganz in der nähe des place stanislaw boguslaw leszczynski – place stan – und dem hôtel de ville werden dort poetry-slams vorgeführt. und zwar in diversen sprachen wie französisch, deutsch, englisch, polnisch, russisch, spanisch oder symbolics. einmal konnte eine gruppe slammer gar an der ton- und lichtschau rendez-vous place stan mitwirken.

beim ersten besuch seines großvaters lädt mutus ihn in die brasserie l'excelsior an der 50 rue henri-poincaré zu einer kalten rote-bete-suppe ein, gefolgt von einer platte mit fisch und meeresfrüchten, dazu salzkartoffeln und blattspinat. das restaurant befindet sich in einem jugendstilgebäude. kronleuchter überall. zum dessert eine kleine auswahl französischer käse, serviert mit einem glas sauterne. danach, nicht zu vergessen, die macarons de nancy aus eiweiß, zucker und mandeln. gefolgt von einem petit café und einem eau de vie de mirabelle.

zum abschied schenkt mutus seinem großvater eine schachtel macarons de nancy, ein eau de vie mirabelle de lorraine und einen fünzeiler mit dem titel wah_ist_wah_zwi_nul:

```
T I E H R H A W
R E M M I T S I
T I E H R H A W
N E H C S I W Z
S N I E L L U N
```

großvater ist verwirrt vom fünfzeiler. dann hält mutus sein poem gegen die spiegelwand im kronleuchtersaal des excelsior.

danksagung

dominik fischbacher, lydia meier-bernasconi, heiri meier, anna ospelt, esther saladin-fiechter und klaus thalmann haben die geschichte gelesen und verbesserungen eingebracht. ein dickes kompliment mache ich lucas drebenstedt vom novum verlag für sein lektorat. zudem möchte ich mich bei sansarah hammer und regina bauer für die autorenbetreuung bedanken.

HERZ FÜR AUTOREN A HEART FOR AUTHORS À L'ÉCOUTE DES AUTEURS MIA KAPΔIA ΓΙΑ ΣΥΓΓΡ
HJÄRTA FÖR FÖRFATTARE UN CORAZÓN POR LOS AUTORES YAZARLARIMIZA GÖNÜL VERELIM SZ
CUORE PER AUTORI ET HJERTE FOR FORFATTERE EEN HART VOOR SCHRIJVERS TEMOS OS AUTO
ZERZÖINKÉRT SERCE DLA AUTORÓW EIN HERZ FÜR AUTOREN A HEART FOR AUTHORS À L'ÉCOU
CORAÇÃO ВСЕЙ ДУШОЙ К АВТОРАМ ETT HJÄRTA FÖR FÖRFATTARE Á LA ESCUCHA DE LOS AUTO
AUTEURS MIA KAPΔIÁ ΓΙΑ ΣΥΓΓΡΑΦΕΙΣ UN CUORE PER AUTORI ET HJERTE FOR FORFATTERE EEN
YAZARLARIMIZA GÖNÜL VERE ... ZERZÖINKÉRT SERCE DLA AUTORÓW EIN HERZ FÜ
TEMOS OS AUTC SCHR ... OS OS A ... CORAÇÃO ВСЕЙ ДУШОЙ К АВТОРАМ ETT HJÄRTA FÖ

Der Autor

andreas meier studierte musik an der akademie
in wien und mathematik an der eidgenössischen
technischen hochschule in zürich. er forschte im
silicon valley in kalifornien, bevor er eine professur
in fribourg annahm und sich über jahre in vietnam
und ecuador den themen der digitalen gesellschaft
zuwandte.

novum ☐ VERLAG FÜR NEUAUTOREN

Der Verlag

Wer aufhört
besser zu werden,
hat aufgehört
gut zu sein!

Basierend auf diesem Motto ist es dem novum Verlag
ein Anliegen, neue Manuskripte aufzuspüren, zu ver-
öffentlichen und deren Autoren langfristig zu fördern.
Mittlerweile gilt der 1997 gegründete und mehrfach
prämierte Verlag als Spezialist für Neuautoren in
Deutschland, Österreich und der Schweiz.

Für jedes neue Manuskript wird innerhalb
weniger Wochen eine kostenfreie, unverbind-
liche Lektorats-Prüfung erstellt.

Weitere Informationen zum Verlag und
seinen Büchern finden Sie im Internet unter:

w w w . n o v u m v e r l a g . c o m

novum ✒ VERLAG FÜR NEUAUTOREN

Bewerten
Sie dieses Buch
auf unserer
Homepage!

w w w . n o v u m v e r l a g . c o m